産経NF文庫
ノンフィクション

国会議員に読ませたい敗戦秘話

産経新聞取材班

潮書房光人新社

国会議員の憲法改正についての意識調査

衆議院憲法調査会

衆議院事務局

政治家よ！　もっと勉強してほしい——文庫版序章に代えて

２０１８（平成30）年6月12日、強い日差しが照りつけるシンガポール・セントーサ島のカペラホテルで、史上初の米朝首脳会談が行われた。米国のドナルド・トランプ大統領が「とてもいい気分だ。我々は素晴らしい関係を作るだろう。間違いない」と語りかけると、北朝鮮の金正恩朝鮮労働党委員長は「ここまで来る道は容易ではなかった。誤った偏見と慣行が我々の目と耳を塞いでいたが、我々はすべてを克服し、ここまで来た」と応じ、笑顔で握手を交わした。会談を終えると、両首脳は「朝鮮半島の完全な非核化」と引き換えに「北朝鮮の体制を保証する」という主旨の共同文書に署名した。会談の評価はなお分かれるが、朝鮮半島の歴史の歯車が動き出したことは間違いない。

このわずか半年前は戦争前夜の様相を帯びていた。北朝鮮は長距離弾道ミサイルの発射実験を繰り返したあげく、17年9月3日には6

回目の核実験を強行した。トランプ大統領は「チビのロケットマンとの対話は無駄だ」「我々をなめるな。試すな。北朝鮮は人が住むに値しない」などと激しく罵り、3つの空母打撃群を北朝鮮周辺海域に差し向けた。

空母打撃群は1つだけで1国の軍事力を凌駕するとされる。それが3つも集結し、総攻撃を仕掛ければ北朝鮮などひとたまりもない。金正恩氏が、米国の「斬首作戦」をいかに恐れたかは想像に難くない。歴史的な米朝首脳会談は一種の助命嘆願だったともいえる。

では、北朝鮮が非核化すれば、朝鮮半島、そして東アジアに平和が訪れるのか。

残念ながら答えは否だ。親北・左翼政権である韓国の文在寅政権は「連邦制による朝鮮半島統一」を掲げる。この動きが加速し、朝鮮半島に反日の統一国家が誕生したらどうなるか。さらに平和国家を標榜する統一朝鮮の求めに応じて、トランプ大統領が在韓米軍撤退を決めたらどうなるのか。

日本の防衛ラインは現在の北緯38度線から対馬海峡まで一気に南下する。これまで対北朝鮮を想定して整備を続けてきた韓国軍の戦闘機やイージス艦などの近代兵器は、その矛先を日本に向けることになる。

「朝鮮半島は、日本にとっていつの時代もダモクレスの剣なんですよ」

政府高官はぽつりとこう漏らした。「ダモクレスの剣」とは、古代ギリシャのシラクサ王、ディオニシオス1世が、廷臣のダモクレスを頭上に細い糸で剣を吊した玉座に座らせたという説話を指す。

確かに日清戦争、日露戦争は、中国（清）やロシアの覇権が朝鮮半島に及びそうになったことから勃発した。朝鮮半島が再び、日本列島の脇腹を狙う「ダモクレスの剣」と化す可能性は十分ある。

それだけではない。中国の軍事力は戦前よりもはるかに強大で、南シナ海、東シナ海を勢力下に置きつつある。さらに第2列島線（伊豆諸島―小笠原諸島―グアム・サイパン―パプアニューギニア）の海域まで勢力を広げる野望すら隠そうとしない。

このように日本を取り巻く東アジアの情勢は極めて厳しい。安倍晋三首相が、安全保障法制の整備を急いだのも、9条に自衛隊を明記する憲法改正を掲げたのも、日本の安全保障上の危機が迫っていると考えたからだ。

ところが、国会はどうか。

安全保障どころか北朝鮮情勢さえまともに議論しようとしない。18年の通常国会は当初、地上配備型ミサイル迎撃システム「イージス・アショア」や、敵基地攻撃能力の要不要が議論の焦点となるとみられていたが、蓋を開けてみると、そんな議論はほとんど交わされることなく、「もり・かけ」疑惑追及に明け暮れた。

「もり」とは、大阪の学校法人「森友学園」の国有地売却をめぐる疑惑であり、「かけ」とは学校法人「加計学園」の獣医学部新設をめぐる問題である。

森友疑惑は、個性的な経営者夫妻による公金詐取事件（大阪地検が詐欺罪で起訴）であり、安倍首相の昭恵夫人の名前が利用されたにすぎない。加計問題は、政府の国家戦略特区ワーキンググループが、日本獣医師会と文部科学省が結託した理不尽な岩盤規制を突破したという本来ならば美談になりそうな話だ。ただ、加計学園の理事長が安倍首相の古くからの友人だったがために延々と追及が続いた。首相との間に金品の授受があったり、明らかに不法行為があったりしたならば別だが、それが一切出ないのに「忖度があった」として追及するのは一種の「魔女狩り」ではなかろうか。

国会中盤で財務省の公文書改竄問題や財務事務次官のセクハラ問題などの政府側の失点が続いたこともあり、野党はますます気勢を上げ、ゴールデンウイークを挟んで18日間も国会をボイコットした。

安全保障に関する議論はまったく深まらず、憲法改正を審議する衆参両院の憲法審査会は議論に入ることさえできなかった。終戦（1945年）から73年。日本の国会は目の前に迫る危機と向き合うことすらできぬほど劣化してしまった。

「愚者は経験に学び、賢者は歴史に学ぶ」――19世紀後半にドイツ統一を主導し、初代ドイツ帝国首相を務めたオットー・フォン・ビスマルクの格言である。

翻って日本の現状をみると、国家の舵取りを担うべき存在である国会議員の浅学非才は目を覆うばかりだ。わけても近現代史に関する知識が決定的に欠けている。

戦後70年を迎えた2015年は、その無学さが顕著に現われた。集団的自衛権の政府解釈変更に伴い、安倍首相が安全保障法制の整備に乗り出したからだ。クライマックスとなった9月18日夜。参院本会議での安保法案の採決を前に、社民、共産両党のみならず、つい数年前に政権を担っていた民主党（現在の立憲民主党や国民民主党の前身）までもが徹底抗戦に出た。

参院特別委員会での採決では、鴻池祥肇委員長めがけてダイビング攻撃を仕掛けるなど肉弾戦を繰り広げたあげく、「暴力的採決は無効だ。あんな採決が可決になったらわが国の民主主義は死ぬ」（民主党・福山哲郎参院議員）と訴えた。

19日未明にもつれ込んだ本会議採決では、社民党の福島瑞穂副党首らが「戦争法案ハンターイ」と気勢を上げ、「生活の党と山本太郎となかまたち」の山本太郎参院議員は一人牛歩戦術を試みた末、議場に向かって「アメリカと経団連にコントロールされた政治家は辞めろ！」と叫んだ。

国会議事堂の外では、護憲団体などが「安倍政権はファシスト」「右翼内閣許さな～い」などと叫んでいたが、議場内のやりとりも同じレベルだったわけだ。「国権の最高機関」は真摯な議論を否定して低俗なスローガンを繰り返す場なのか。「とても子供には見せられない」と思った人も多いはずだ。

安保法制をめぐる国会内外の馬鹿騒ぎを、1960年の日米安全保障条約改定をめぐる「安保闘争」と重ねた人もいるだろう。ただ、半世紀以上前の騒ぎは現在とは比較にならぬほど大規模だった。首相官邸や国会議事堂は連日デモ隊に埋め尽くされ、安倍首相の祖父である岸信介首相は条約承認と引き替えに退陣を余儀なくされたが、安保闘争の経緯を追うと、闘争を主導した社会党の変節に驚く。

「8千万民族は、われわれ同胞は他民族の軍政下にあることを忘れてはなりません。不平等条約の改正をやることが日本外交に与えられた大きな使命なり……」

これは自民党議員の発言ではない。社会党の浅沼稲次郎書記長（後に委員長）が57年の衆院本会議の代表質問に立った際の発言である。他の社会党幹部も異口同音に安保条約改定を声高に求めていたのである。

ところが、日米同盟が強化されることを危惧したソ連が、「日本の中立化」をキーワードに政界やメディアへの工作を強化すると、社会党はあっさりと「安保条約破棄」に舵を切ってしまった。足並みをそろえるように朝日新聞などは「米国の戦争に巻き込まれる」とキャンペーンを張り、政府が一時、自衛隊の出動を検討するほどの騒擾になった。

時が経っても民主党や一部メディアは安保法制で同じような騒ぎを作り出せば、安倍首相を退陣に追い込めると踏んでいたようだが、国民の多くは冷静だった。ＳＥＡＬＤｓ（シールズ）や護憲団体などが国会周辺でデモを繰り広げたことを「革命前夜」のように報じたメディアもあったが、60年安保闘争に比べれば微々たる勢力にすぎなかった。

やはり、中国が急速な軍事拡張を続け、南シナ海などで海洋権益を拡大している姿を目の当たりにし、日本人の安全保障への意識は大きく変わったのである。

遡れば、２００２年９月に小泉純一郎首相（当時）が訪朝し、北朝鮮の金正日総書記（同）が日本人の拉致を認め、謝罪したあたりから、日本人は左翼勢力のプロパガンダに眉をひそめるようになったように思える。

にもかかわらず、国会議員はそんな国民意識の変化に鈍感に見える。共産党の志位和夫委員長は「北朝鮮、中国にリアルの危険があるわけではない」と言い放った。野党だけではない。現在総務相を務める自民党の野田聖子衆院議員は「南沙諸島は直接日本に関係ない。南沙の問題を棚上げにするくらい活発な経済政策のやりとりとか、互いの目先のメリットにつながる（日中の）２国間交渉をしなければならない」と力説した。あまりの無知に開いた口がふさがらない。

かつて一大勢力を誇った社会党が社民党と名を変えても国会議員数人の弱小政党になってしまったのはなぜか。同じく社会党の血を引く民主党の支持率が一向に上がらぬまま、ついに四分五裂してしまったのはなぜか。所属する国会議員が歴史から何も学んでこなかったからではないか。

戦中・戦後史の内幕を追うと、驚くほどよく似たパターンの歴史が繰り返されてきたことが分かる。歴史の節目といえる事案が起きる度に、「日本を貶めよう」と考える勢力と、これと結託した一部メディアが恣意的なプロパガンダ報道を繰り広げ、多くの国会議員が付和雷同もしくは右往左往することにより、結果的に歴史は大きく歪められてしまっていたのである。

沖縄の戦後史もそうだ。沖縄の地上戦は凄惨を極め、日本側の死者数は20万人、この半数近くが一般人だったとされる。米軍が投じた兵力は延べ54万8千人、艦艇約1500隻、砲弾は2700万発に上った。「鉄の暴風」という表現は決して過大ではない。

さらに戦後長く米国の統治下に置かれ、苦難の道を歩んだ。「核抜き・本土並み」で日本に正式返還されたのは1972年。佐藤栄作元首相の大きな政治遺産といえるが、これは本土と沖縄の人々の熱意があってこそ実現したのだ。

ところが、沖縄返還の際も、社会、共産両党は米軍全面撤退を含めた「即時・無条件・全面返還」という非現実的な要求を掲げて政府を激しく非難した。この流れは沖縄の地元2紙に今なお引き継がれ、米軍普天間飛行場の名護市辺野古沖への移設問題に連なっている。

沖縄から米軍が即時撤退して喜ぶのはどこの国なのか。米軍が92年にフィリピンのクラーク空軍基地、スービック海軍基地を撤退後、南シナ海の南沙諸島で一体何が起きたかを考えれば十分に分かるはずだ。

にもかかわらず、国会議員は歴史から何も学んでいなかった。民主党の鳩山由紀夫元首相（現在は引退）が、沖縄の戦後史をわずかでも学んでいれば、普天間飛行場の移設先について「最低でも県外」などと口走ることはなかっただろう。

　沖縄県の翁長雄志知事が反米軍基地派に転向し、国連人権理事会で「沖縄の人々は自己決定権や人権をないがしろにされている」と訴えることもなかったはずだ。ましてや沖縄の海の玄関口である那覇港に、中国の冊封体制に入ったかのごとく4本爪の龍柱を建てることもなかったのではないか。


　44年7月のサイパン陥落により、日本本土の大部分が、「超空の要塞」といわれるB29爆撃機の攻撃圏に入った。日本軍の海空勢力の大半は失われており、これ以降は米軍による一方的な殺戮が繰り広げられることになる。

　わけても45年3月10日未明の東京大空襲は、女性や子供を含む死者数推計10万人超、被災家屋26万戸超、罹災者100万人超の大惨事となった。後の広島、長崎への原爆投下と並ぶジェノサイド（大量殺戮）であり、人道上許されない戦争犯罪だといえるが、これについても国会議員の認識は甘い。

　民主党政調会長を務めていた細野豪志衆院議員（現在は無所属）は2015年3月10日の記者会見で、東京大空襲について「国策の誤りを反映した結果だ」と述べた上で、ナチスのユダヤ人虐殺を引き合いにこう語った。

「ホロコーストを全体としてしっかりと総括しているのがドイツだ。わが国が先の戦争で自国民はもちろん、周辺諸国に対して大変な被害をもたらしたことについて真摯に反省することは重要だ。残念ながら今の安倍政権を見ているとそこに疑念を持つ。戦後70年を迎えるにあたって心していかなければならない」

日本は侵略戦争を仕掛けたのだから米軍による無差別空襲を受けても仕方がないとでも言いたいのか。そもそも日本の戦争とホロコーストを同列に語ること自体が支離滅裂としか言いようがない。これが民主党政権で閣僚まで務めた国会議員の歴史観なのだ。

このような自虐的な歴史観、贖罪意識は戦後の連合国軍総司令部（ＧＨＱ）の占領統治下の日本人に植え付けられた。連合国軍最高司令官（ＳＣＡＰ）だったダグラス・マッカーサー米陸軍元帥は嘘と虚栄にまみれた統治者であり、天皇に代わる存在として日本を統治しようとした。「民主化」の名の下で実施された占領政策も実態は日本を弱体化させるものが大半だったが、新聞・出版への検閲と言論統制により美化された。

中でも効果を上げたのが、民間情報教育局（ＣＩＥ）による「ウォー・ギルト・インフォメーション・プログラム（ＷＧＩＰ）」だった。巧みな情報統制とプロパガンダにより、東京大空襲や原爆投下を行った米軍への怒りは日本軍や日本政府に向けられ、贖罪意識は日本人の心の奥深くまで浸透していった。51年9月のサンフランシスコ講和条約調印により、翌52年4月に日本は再び独立を果たすが、WGIPの呪縛はなお続いた。そこにソ連・中国が対日工作を強化させ、社会主義への幻想を振りまいた。

終戦直前の45年8月9日、ソ連は日ソ中立条約を破って満州に侵攻し、樺太、千島列島などを次々に占領していった。満州などに入植していた百数十万人は塗炭の苦しみを味わうことになるのだが、悲劇はそれだけではなかった。満州などにいた日本人将兵約57万人はシベリアで強制労働を強いられ、1割近くが極寒の地で命を落とした。だが、ソ連の対日工作を受け、すっかり赤化してしまった日本の報道機関はその惨状を大きく伝えることはなく、むしろ日本の戦争犯罪追及に血眼になった。WGIPによる自虐史観と社会主義への幻想を融合させた日本独自の奇妙な歴史観は、高学歴の人ほどその影響を強く受けた。国会議員や官僚も例に漏れない。

本書では、あまり光があたることのなかった先の大戦末期から現代までの70年の歴史を貴重な証言を集めながらたどった。「敗戦」という国家存亡の危機からの復興、そして国際社会で名誉ある地位を築くまでになったわが国。その重要な節目節目で歴史の歯車を回し続けたのは、声高に無責任な主張を繰り返す人々ではなく、ごく少数のリアリストたちであった。

彼らが東アジアのちっぽけな島国の独立自尊を保つべく奔走してきた事実を埋もれさせてはならない。むろん本書が戦中・戦後史のエポックをすべて網羅したわけでないが、歴史を学び直す一助となれば、幸いである。

国会議員が与野党を問わず、戦後の真の歴史を知らずして、この国を動かしているとしたら、日本国民としてこれほど不幸なことはない。

国会議員よ、歴史から目をそむけてはならない。

国会議員に読ませたい 敗戦秘話——目次

第三章 沖縄の心をねじまげる人々

第四章 国際社会は非道である

第五章 英霊たちが眠る場所

国家議員に読ませたい 敗戦秘話

第一章　東京裁判とＧＨＱ

戦犯の遺灰はどこで供養されたか

１９４８（昭和23）年12月26日未明、横浜市西区の久保山火葬場（現久保山斎場）の共同骨捨場に、黒いマントに身を包んだ男３人が闇にまぎれて忍び込んだ。３人は先端に空き缶を付けた竹ざおをコンクリート床の穴に入れ、中にたまった骨灰を慎重にすくい上げた。寒さと緊張で手の震えが止まらない。なんとか一握りほどの骨灰と細かな骨を集め、骨壺に収めると、男たちは無言でうなずき合い、その場を立ち去った。遺灰は、東京裁判（極東国際軍事裁判）で死刑を宣告され、A級戦犯として絞首刑となった元首相、東條英機（陸軍大将）ら7人のものだった。

　７人の刑は、戦犯収容所の東京・巣鴨拘置所（巣鴨プリズン）の一角で、４日前の12月23日午前0時すぎ、ひっそりと執行された。この日は明仁皇太子（天皇陛下）満15歳の誕生日だった。

連合国軍総司令部（GHQ）は刑執行後、久保山火葬場に遺体を運び込み、厳重警戒の中で焼却していた。遺族は遺灰の引き取りを願ったが、GHQはにべもなく断った。神聖化され、軍国主義復活に利用されることを恐れたのだ。遺骨は米兵によって鉄の棒で粉々に砕かれ、東京湾に捨てられたとされる。

遺族たちの無念を聞き、東京裁判で元首相の小磯国昭の代理人を務めた弁護士の三文字正平が奮い立った。久保山で火葬されるという情報を得ると、旧知の住職とともに火葬場長に遺灰奪回計画を持ちかけた。

火葬場長は、米兵がわずかな骨片や遺灰は掃き集めてコンクリ穴に捨てたのを見逃さなかった。クリスマスの夜ならば警備も手薄になるに違いない。こうして3人は首尾よく遺灰を取り戻したのだった。

遺灰を入れた骨壺は近くの寺で厳重に保管された後、翌49年5月3日に伊豆山（静岡県熱海市）中腹の寺院「礼拝山興亜観音」に持ち込まれた。東京裁判で南京事件の責任を問われ処刑された元中支那方面軍司令官、松井石根（陸軍大将）が日中戦没将兵の慰霊に建立した寺だった。松井は巣鴨への出頭直前にひそかに興亜観音を訪ね、「どうか英霊の供養を頼む」と住職の伊丹忍礼の手を握った。

それだけに興亜観音は絶好の安置場所だったが、油断はできない。三文字は骨壺を持ち込んだ際、「これはお知り合いのご遺灰です。時機が来るまで誰にも分からぬよう秘蔵していただきたい」と頭を下げた。誰の遺灰かピンときた伊丹は快諾し、本堂の床下や礼拝堂など隠し場所を頻繁に変えて遺灰を守り続けた。作業は真夜中に行い、家族にも秘密だった。伊丹の三女で現住職の妙浄はこう打ち明けた。

「父はご遺灰については何も語りませんでしたが、『兵隊さんのご苦労を思えば何の苦労もない。ご英霊のご丹精があったからこそ今日の日本がある』というのが口癖でした。英霊はA級もB級もなく供養するのが当たり前だと考えていたのでしょう」

A級、B級戦犯とは何か

A級戦犯として処刑された7人の中で元首相、広田弘毅は外交官出身で唯一の文官だった。1948年11月12日の死刑宣告から2週間余りたった11月29日、広田の家族は最後の別れを告げに巣鴨プリズンを訪ねた。

当時10歳だった孫の弘太郎は面会室の一角でガラス越しに祖父と向き合った。物心ついて祖父に会うのは初めてだった。面会前に父、弘雄に「お前がおじいさんに会えるのは今日が最後だ。なるべく覚えておくように」と言われたので必死に目を凝らしていると、広田は優しくほほ笑みながらこう言ったという。

「ちゃんと勉強して、しっかり暮らしなさい」

緊張のあまり顔はうろ覚えだが、広田の落ち着き払った物腰は覚えている。他の家族にも、判決への不満や、遺言めいた言葉は一切なく「これからの世の中は外国語の勉強はしといた方がいいな」などと何げない団欒《だんらん》を続けた。

広田は一体何の罪に問われたのか。

首席検事、ジョセフ・キーナン率いる検事団は、侵略戦争を計画・実行した「平和に対する罪」▽捕虜殺害・虐待など「通常の戦争犯罪」▽一般住民への非人道的行為など「人道に対する罪」――の3つの罪状で28人を起訴した。対象は28年1月1日から45年9月2日まで。適用された訴因全55項目のうち広田の訴因は48項目に及んだ。

検事団は、首相の田中義一が27年に昭和天皇に上奏したとされる「田中上奏文」を、ナチス・ドイツを率いたヒトラーが著した「わが闘争」と同様の文書と位置づけ、歴代内閣と軍部が17年8カ月にわたり侵略戦争を計画・遂行した――という筋書きを描いた。

実態は全く違う。この時期は短命政権が続き、政策に一貫性はない。満州事変や盧溝橋事件なども関連性が薄かった。無理な筋書きはすぐに破綻し、検事団は早晩行き詰まった。しかも証人尋問を通じて検事団が証拠提出した田中上奏文が偽物だと判明

トヨタ自動車池袋ビル
サンシャイン60
巣鴨プリズン跡
プリンスホテル
サンシャイン劇場
首都高速道路5号池袋線
東急ハンズ
豊島岡女子学園

東京裁判の際、戦犯容疑者が多数勾留された巣鴨拘置所（巣鴨プリズン）。現在はサンシャイン60などが立ち並ぶ（1952年８月２日）。右下は現在の鳥瞰図

した。

窮した検事団が飛びついたのが、広田内閣が36年8月に策定した「国策の基準」だった。仮想敵国の想定に基づき陸海軍の南北並進を記した文書を「侵略戦争への計画書」と見立てたのだ。仮想敵国対策が戦争計画であるはずはなく、広田も「軍部の予算獲得のための方便」としか認識していなかったが、検事団は広田を「軍部の積極的な追随者」と位置づけた。

広田が外相時代の37年12月に起きた南京事件への対応も「現地から報告を受けながら陸相に抗議しただけで閣議報告せず、適切な対策を怠った」と責任を問われた。

軍の作戦が閣議案件になるはずはなく、最年少で起訴された元軍務局長、佐藤賢了（陸軍中将、終身刑）は「外相は陸相に警告する以外にすべがなかったことを証言すべきだ」と促したが、「自ら計らわず」を信条とする広田は一切弁明しなかった。広田については判事団の見解も分かれ、多数決の結果、6対5で死刑判決が決まった。

背景には、連合国軍最高司令官のダグラス・マッカーサーが「戦争犯罪は日本政府全体で遂行したもので軍部だけの責任ではない」と文官の処罰を求めたことがある。

ところが、文官ながら広田よりよほど戦争に関与していた元首相の近衛文麿はA級戦犯リストに入れられた直後に服毒自殺した。元外相の松岡洋右も公判中に病死してしまった。そこで広田がターゲットになったのだ。

それでも広田は判決に愚痴一つこぼさず「雷に当たったようなものだ」と達観していた。

心の支えは家族だった。妻、静子は「パパを楽にしてあげる方法が一つあるわ」と言って自ら命を絶ったが、娘たちは欠かさず法廷に通い、被告席の広田と視線を交わした。

「デス・バイ・ハンギング」

裁判長のウィリアム・ウェッブの死刑宣告で法廷がどよめく中でも、広田は娘たちにほほ笑みかけることを忘れなかった。

ちなみに、「A級」「B級」という分け方は、「罪の度合い」で区別されているわけではない。戦争の計画・開始・遂行など「平和に対する罪」を犯したと認定される者が「A級」とされ、起訴された28人のうち7人が死刑、7人が公判中や服役中に獄死した。

ただ、この「平和に対する罪」そのものが、大戦末期の45年8月8日、降伏したドイツを裁くために米英仏ソが締結した「ロンドン協定」で決められたものであり、いわば、「事後法」だった。

「B、C級」は、従来の戦時国際法に規定された捕虜虐待などの戦争犯罪者とされ、「B級」は戦場で命令する立場にいた者、「C級」は実行した兵隊などと分けられたが、その区分は曖昧だったといわれる。「B、C級」はいずれも東京以外の場所で開かれた軍事法廷で裁かれ、1061人が死刑になっている。

7人の処刑から5年目の命日となる53年12月23日。見知らぬ外国人が興亜観音に姿を現した。東京裁判でインド代表として判事を務めたラダ・ビノード・パールだった。パールは裁判で被告人全員の無罪を主張した。法廷に提出した1200ページ超の意見書では、勝者が敗者を裁くこと自体を批判し、「日本は計画に基づき侵略戦争を始めたのではなく、むしろ西洋に挑発された」「一般市民への生命財産の侵害が戦争犯罪ならば、原爆投下こそが裁かれねばならない」と主張した。

山麓に住む松井の妻を訪ねた後、山道を登り、7人の菩提《ぼだい》を弔いに来たのだった。

興亜観音の境内には59年4月、松井の友人らが「殉国七士之碑」を建立した。揮毫《きごう》したのは広田と外務省に同期入省の元首相、吉田茂だった。

満州事変の責任を問われ、処刑された元第7方面軍司令官、板垣征四郎（陸軍大将）の次男で元参院議員の正はこう語った。

「東京裁判はGHQの占領政策の一環であり、裁判に値しない。だが、心ある日本人がGHQに屈しなかったからこそ7人の遺灰が今に至るまで大切にされた。ありがたいことです」

興亜観音をめぐってはこんな不思議な話もある。

51年5月、1人の米将校が興亜観音を訪れた。7人の死刑執行の責任者だった米軍中将、ウォルトン・ウォーカーの副官だった。

ウォーカーは朝鮮戦争の米軍司令官として朝鮮半島に派遣されたが、自らジープを運転中に同僚に追突され、崖から転落死した。

事故があったのは、50年12月23日未明。奇しくも7人の命日だった。

「7人の呪いではないか」

韓国人将校にこう言われた副官は興亜観音に7人の遺灰があることをどこからか聞きつけ、悪霊払いに訪れたのだった。

住職の伊丹忍礼は「怨親平等が松井大将のお心です」と言い、ウォーカーの慰霊碑を菩薩像のそばに建て法要を営んだ。

東條英機の自宅さえ知らなかった

雨が降っていた。正確な日時は覚えていない。旧制湘南中学校の学生だった元東京都知事、石原慎太郎は、隣に住む大学生に連れられて東京裁判の傍聴に行った。父、潔がどこからか傍聴券を手に入れてくれたからだった。

法廷があったのは、大戦中は大本営陸軍部が置かれた東京都新宿区の陸軍士官学校（現市ケ谷記念館）。2階の傍聴席につながる大理石の階段を上がると踊り場で進駐軍の憲兵（MP）に肩をつかまれた。

「キッド（小僧）！」

大声で怒鳴られたが、何を言っているのか分からない。大学生が「『うるさいから下駄《げた》を脱げ』と言ってるぞ」と耳打ちした。

仕方なしに下駄を脱ぐと、MPは下駄をけり払った。石原ははいつくばって下駄を拾い、胸に抱いてはだしでぬれた階段を上った。

傍聴席から下を見下ろすと、被告席にA級戦犯として起訴された被告がずらりと並んでいた。元首相の東條英機の顔も見えた。

英語なので何の審理をしているのか、さっぱり分からなかったが、戦勝国が「支配者」として一方的に敗戦国を裁こうとしていることだけは伝わった。あの屈辱感は今も忘れない。

東京裁判の法廷は、ナチス・ドイツの戦争犯罪を裁いたニュルンベルク裁判の法廷を模してつくられた。

かつて天皇の玉座だった講堂の正面部分は無残に破壊されて通訳席となり、判事席と被告席が対面するよう配置された。

1946年5月3日から48年11月12日まで続いた東京裁判は、マッカーサーが、自らを「極東の統治者」として演出するための政治ショーでもあった。被告席は傍聴席から見やすいよう配置され、被告の顔が記録フィルムにくっきり写るよう照明は増設された。

45年8月30日、愛機バターン号で厚木飛行場に到着したマッカーサーは、その日のうちに米陸軍対敵諜報部隊長（准将）、エリオット・ソープにこう命じた。

「戦争犯罪人の逮捕者リストを作れ。そしてまずトージョーを逮捕しろ」

指令を受けたソープは当惑した。リストを作成しようにも戦争遂行に関与した人物どころか、日本政府の指導体制や大戦の経緯など基礎知識がほとんどなかったからだ。もちろん東條の自宅さえ知らなかった。

作業が遅々として進まぬことにいらだったマッカーサーは9月8日にソープを呼び出し、怒鳴りつけた。

「私の命令が10日間も実行されないのは前代未聞だ。48時間以内にリストを提出し

東京裁判の法廷として使用された旧陸軍士官学校の講堂。大戦中は大本営陸軍部が置かれた。現在は市ケ谷記念館として移設・復元され、防衛省が管理している。1946年5月3日、東京裁判初日の写真を、現在の写真と合成した。

ろ！」

追い詰められたソープは思いついた。

「そうだ。マッカーサーはトージョーと言っているのだから、とりあえず真珠湾攻撃を仕掛けたトージョー内閣の閣僚を中心にリストを作ればよいのだ……」

こうしてソープは翌9日に40人近いリストを作成した。日本軍に協力した元フィリピン大統領やビルマ独立義勇軍のアウン・サン少将まで含まれるずさん極まりないリストだったが、これを基に戦犯容疑者の一斉拘束が始まった。

「居所が分からない」とされた東條は東京・世田谷の自宅にいた。AP通信記者からこの情報を聞いたGHQは、9月11日にMPを拘束に向かわせたが、東條は直前に短銃自殺を図った。何とか一命を取り留めたが、その後もGHQの失態は続き、キーマンとなる人物が相次いで自殺した。

近衛文麿はその象徴だといえる。37年7月の日中戦争開戦時の首相で、41年の日米開戦直前まで首相を務めた近衛は、日本の戦争責任を追及する上で最重要人物だったが、どうやらGHQは気づいていなかった。

その証拠に、近衛は終戦後の東久邇宮内閣に国務大臣として入閣し、45年10月4日にはマッカーサーが直接会って憲法改正を指示している。この時点では、GHQは従順な近衛に占領政策の一翼を担わせる考えだったのだろう。

近衛は戦犯リスト入りをひそかにおびえていたが、GHQが相次いで発表する追加リストにその名はなかった。11月9日には米戦略爆撃調査団から日中戦争の経緯などを3時間も追及されたが、19日発表のリストにも名前がなかった。

そこで近衛はようやく安堵《あんど》したようだが、12月6日に突如としてリストに名を連ねた。近衛は出頭期限の16日、東京・荻窪の自宅で「戦争犯罪人として米国の法廷で裁判を受けることは耐え難い」と書き残して青酸カリで服毒自殺した。

近衛のリスト掲載が遅れたのは、中国が南京の軍事法廷への引き渡しを要求したこともあるが、GHQが大戦の経緯を理解していなかったことが大きい。

近衛の自殺により、「軍人だけでなく文官も戦争犯罪人として処罰する」というマッカーサーの構想はもろくも崩れ、戦争への関与が極めて薄い元首相、広田弘毅が代わりに処刑されることになった。

東條の子孫はどんな扱いを受けたか

東京裁判のずさんさは数え上げれば切りがない。検事団も判事団も戦勝国のみ。A級戦犯の「平和に対する罪」は終戦近くになって編み出された概念にすぎない。戦勝国に不都合な被告側の証言は通訳を停止し、記録に残さなかった。

しかも被告の選定には、戦勝国の利害が露骨にからんだ。1946年4月10日、GHQはA級戦犯26人を確定した。ところが、遅れて来日したソ連検事団が、日ソ間の協定で解決済みの張鼓峰事件（38年）とノモンハン事件（39年）を蒸し返し、元駐ソ大使の重光葵と元関東軍司令官の梅津美治郎の追加をねじ込んだ。

重光が禁錮7年の刑となったことには首席検事のジョセフ・キーナンにも自責の念があったようだ。後に重光の弁護人に「重光が無罪になることを期待する十分な理由があり、有罪となって非常に困惑した」と手紙で吐露している。

そんな戦勝国の一方的な裁判に正面から異を唱えたのが東條だった。

キーナンによる東條への尋問は47年12月31日から48年1月6日まで続いた。

キーナン「米国は日本に軍事的脅威を与えたのか？」

東條「私はそう感じた。日本もそう感じた」

東條はこう語り、米国にハル・ノートを突きつけられ日米開戦が避けられない状況だったことを縷々《るる》説明し、キーナンの「対米侵略戦争論」をはね返した。

東條は尋問直前に提出した口述書でも「この戦争は自衛戦であり、国際法には違反せぬ。（略）勝者より訴追せられ、敗戦国が国際法の違反者として糾弾されるとは考えたこととてない」と主張。その上で「敗戦の責任は総理大臣たる私の責任である。この責任は衷心より進んで受諾する」と結んだ。

自らも認めた通り、東條が大戦時の指導者として多くの兵や国民を死なせた責任は大きい。陸相時代の41年1月に、「生きて虜囚《りょしゅう》の辱《はずかしめ》を受けず」の一節を含む戦陣訓を示したことを非難されても仕方がない。逮捕時に自殺を図ったことも不評を買った。

東條の指導力や先見性にも疑問符がつくが、ＧＨＱが貼った「日本のヒトラー」と

東京裁判でA級戦犯として起訴された28人の被告と判決内容

東條英機	陸軍大将	絞首刑
土肥原賢二	同上	
板垣征四郎	同上	
木村兵太郎	同上	
松井石根	同上	
武藤　章	陸軍中将	
広田弘毅	元首相	
荒木貞夫	陸軍大将	終身禁錮刑
畑　俊六	同上	
小磯国昭	同上	
南　次郎	同上	
梅津美治郎	同上	
大島　浩	陸軍中将	
佐藤賢了	同上	
鈴木貞一	同上	
橋本欣五郎	陸軍大佐	
嶋田繁太郎	海軍大将	
岡　敬純	海軍中将	
平沼騏一郎	元枢密院議長	
賀屋興宣	元蔵相	
木戸幸一	元内大臣	
星野直樹	元内閣書記官長	
白鳥敏夫	元イタリア大使	
東郷茂徳	元外相	禁錮 20年
重光　葵	元外相	禁錮 7年
大川周明	国家主義者	精神障害により免訴
松岡洋右	元外相	公判中に病死
永野修身	海軍大将	

※軍人は最終階級

いうレッテルはあまりに酷だろう。少なくとも東條が昭和天皇を守る盾になる一心で東京裁判に臨んだことは論をまたない。

「日本＝侵略国、米国＝正義」というGHQの世論操作もあり、東條の遺族に対する戦後日本社会の風当たりはすさまじかった。

東條の長男、英隆は父親と反りが合わず軍人ではなかったが、戦後は就職できず、長く妻の内職で生計を立てた。その長男（東條の孫）の英勝は、小学校では誰も担任を引き受けたがらず、友達もいない。よく登り棒の上から教室をのぞいて過ごした。自殺を図ったこともあったという。就職にも苦労したが、「一切語るなかれ」という家訓を死ぬまで守り続けた。

72年生まれの東條のひ孫、英利も幼い頃から大人の冷たい視線を感じて育った。小学校の担任教諭は何かにつけて「東條英機のひ孫の……」と接頭語をつけた。

小学4年の時、母親に連れられてドキュメンタリー映画「東京裁判」を見に行った。被告席で東條が国家主義者の大川周明に頭をポカリと殴られたシーンを見ていると、母から「あれがひいおじいちゃまよ」と耳打ちされた。

82年に東條英機の妻、かつ子が91歳で死去。玄関に飾られた曽祖父の軍服姿の写真を見て、何となく自分の家族の置かれた状況が分かるようになった。高校では、社会

ウェッブ裁判長から死刑宣告を受けた東條英機。「わかっておる」と言わんばかりに深くうなずき、ヘッドホンを外して退廷した（1948年11月12日）

科で世界史を選択した。授業中に教諭に東條英機の話を振られるのが嫌だったからだ。「私も多少不快な思いをしたけれど父の代に比べればかわいいものです。父に『これだけは誇りを持て』と言われたのが、GHQがいろいろと探したのに不法な金品財宝が一切なかったこと。おかげで貧乏暮らしでしたが、今は曽祖父に感謝しています」

こう語る英利は、自分の息子の名にも「英」をつけた。重い歴史を背負う東條家の意地だといえる。

マッカーサーは自ら神話を創作した

マッカーサーは占領下の日本で5年8カ月にわたり最高権力者として君臨した。

マッカーサーは回顧録にこう記している。

「私は日本国民に対して事実上無制限の権力を持っていた。歴史上いかなる植民地総督も征服者も総司令官も私ほどの権力を持ったことはない。私の権力は至上だった……」

マッカーサーは判で押したような生活を送った。毎朝10時すぎに宿所の赤坂・米大使館からGHQ本部が入る日比谷の第一生命館まで通った。午後2時ごろまでオフィスで執務した後、大使館に戻って昼食と昼寝。午後4時すぎにオフィスに再び戻り、

バターン号から厚木飛行場に降り立った連合国軍最高司令官、ダグラス・マッカーサー（1945年８月30日）

午後8時すぎに帰宅した。

第一生命館前には大勢の日本人が好奇の眼差《まなざ》しで待ち構えていた。マッカーサーは一瞥《いちべつ》もせずにゆっくりとした足取りで玄関に向かった。これが、新たな統治者が誰かを印象づけるための演出だった。マッカーサーの姿を見た日本人は「回れ右」をしてお堀越しの皇居に一礼して帰っていった。

月日を経ても群衆の数は一向に減らなかったが、皇居に拝礼する人は次第に減り、半年後にはわずか数人になった。マッカーサーはいつしか「堀端《ほりばた》天皇」と呼ばれるようになった。

語学将校としてGHQに勤務し、この日本人の変化を興味深く観察していたアル・ゼルバーはこう振り返った。

「戦前の天皇は人々の前に姿を現すことがなく、日本人にとって遠い存在だったが、マッカーサーは権威者としての役割をうまく演じ、アメリカン・アイドル（偶像）として天皇の権威に置き換わったのだ」

マッカーサーが、愛機のC54輸送機「バターン号」で神奈川・厚木飛行場に降り立ったのは1945年8月30日の午後2時すぎ。トレードマークのコーンパイプにサングラス姿でタラップを下りたマッカーサーは出迎えの将校にこう語った。

「メルボルンから東京まで遠い道だったが、どうやらたどり着いたようだな。映画でいう『結末』だよ」

マッカーサー家はスコットランド貴族の血を引く名家で、父のアーサー・マッカーサーJr．は南北戦争の英雄でフィリピン初代軍政総督だった。マッカーサーは陸軍士官学校を首席で卒業し、30年に陸軍最年少の50歳で参謀総長に昇進。フィリピン軍事顧問を経て、41年にマニラ駐屯の極東陸軍司令官となった。

この輝かしい軍歴に傷をつけたのが日本軍だった。

41年12月8日の日米開戦直後、日本軍はルソン島に猛攻をかけた。マッカーサー率いる米軍は反撃らしい反撃もできずにマニラを捨てバターン半島とコレヒドール島に敗走した。マッカーサーは翌42年3月11日、「アイ・シャル・リターン」と言い残して家族や側近とともに魚雷艇で脱出、ミンダナオ島の秘密飛行場からB17でオーストラリアに逃れた。

部下を見捨てての敗走にすぎないが、米紙は、米軍の勇敢な戦いを連日掲載して「英雄的抵抗」と称賛、マッカーサーに感謝の念を決議する州もあった。

だが、この「神話」はマッカーサーの創作だった。嘘と誇張にまみれた戦闘報告を自ら執筆し、140回も新聞発表した。若いころに陸軍新聞検閲官として学んだ宣伝のノウハウが役立ったのだ。それだけにフィリピンでの屈辱だけは晴らさねばならなかった。

44年7月、サイパンが陥落し、日本の敗戦は決定的となった。第32代大統領のフランクリン・ルーズベルトは、米太平洋艦隊司令長官のチェスター・ニミッツにマッカーサーの兵力を吸収させ、フィリピンを素通りして台湾、沖縄を攻略する方針だったが、マッカーサーが猛烈な巻き返しに出た。

44年7月26日、ハワイ・ホノルルの司令部でルーズベルトを待ち受けたマッカーサーは3時間も直談判し、フィリピン攻略への作戦変更を求めた。大統領選の有力候補と取りざたされるマッカーサーを邪険に扱えば世論の反発が大きい。ルーズベルトは渋々要求をのんだが、面談後に侍医に「アスピリンを1錠くれ。私にあんな口調でしゃべるやつは会ったことがない」と吐き捨てた。

こうしてマッカーサーは44年10月、レイテ島に再上陸した。湾内の浅瀬でわざわざ船を下り、波しぶきに打たれながら上陸する姿を報道陣に撮らせ、「先陣を切る闘将」を印象づけた。

44年12月25日のクリスマスにマッカーサーはレイテ島で勝利宣言した。これも嘘で前線では日本軍と死闘が続いていたが、直前に陸軍元帥昇進が決まったこともあり、ニュース効果を狙った虚偽の宣言だった。実際に掃討作戦が終了したのは4カ月後だった。

45年8月14日、日本のポツダム宣言受諾を受け、ルーズベルトの後を継いだ第33代大統領、ハリー・トルーマンはホワイトハウスで勝利宣言を行い、マッカーサーを連合国軍最高司令官に任命した。果たしてルーズベルトが存命だったら任命しただろうか。マッカーサーは妻に「老いた兵士への軍神マルスからの最後の贈り物だ」と語り、大いに喜んだという。

天皇に代わる存在を目指す

1945年9月2日、米戦艦ミズーリでの降伏文書調印式。マッカーサーは米海軍提督のマシュー・ペリーが黒船ミシシッピに掲げた星条旗を背に厳かに列席者に語りかけた。

「われら主要参戦国の代表はここに集まり、平和回復の尊厳なる条約を結ばんとする。もはや不信と悪意と憎悪の念を抱いて会合しているのではない」

だが、この寛容なる態度は偽りだった。直後に日本政府に対して、「軍政による直接占領」「英語の公用語化」「軍票の使用」――などを含む「三布告」を部下を通じて通告した。外相の重光葵が「ポツダム宣言に反する」と直談判したこともあり、公布は差し止めとなったが、マッカーサーによる間接統治は日本側が思っていたような生やさしいものではなかった。

マッカーサーは、自らが至上の統治者であることを印象づけることに腐心した。その決め手だったのが、45年9月27日の昭和天皇との会談だった。

昭和天皇は自発的に米大使館を訪問したとされているが、実態は呼びつけたに等しい。2人は通訳を介し1時間ほど会談した。終始穏やかな雰囲気でマッカーサーが説明した占領方針に天皇も同意したとされる。

だが、マッカーサーの最大の目的は昭和天皇と並んで写真を撮影し、公表することだった。ピンと背筋を伸ばす天皇陛下の横で腰に手をあて、くつろいだ表情を見せるマッカーサー。どちらが統治者なのか、印象づけるには十分すぎる「証拠」だった。日本政府は2人の写真を掲載した新聞を発禁処分としたが、GHQは即座に処分を覆した。

翌46年の元日の新聞各紙で昭和天皇の詔書が発表された。その一節で自らの神格性を否定したことから「人間宣言」と言われる。だが、この詔書の草案もGHQが作成したという指摘もある。

GHQ兵員情報教育部で米兵向け雑誌編集に携わり、後にUP通信（現UPI）で東京支局長などを務めたラザフォード・ポーツはこう語った。

「私もマッカーサーに執務室で会ったことはあるが、話したことはない。彼は常に日本人から尊敬されるように振る舞った。天皇に代わる存在になろうとしていたんだ……」

マッカーサーは、占領統治を成功させ、名声を高めた上での大統領選出馬を考えていたが、その野望は思わぬ形でくじかれた。

50年6月25日午前4時、北朝鮮軍（朝鮮人民軍）が朝鮮半島の北緯38度線を一斉に南進した。朝鮮戦争の勃発《ぼっぱつ》だった。北朝鮮軍はソ連製T—34戦車240両を含む圧倒的な戦力で瞬く間に韓国軍を釜山まで追い詰めた。

マッカーサーは国連軍を指揮して9月15日未明に仁川上陸作戦を決行。これが奏功し、38度線を突破して10月には平壌を制圧、中朝国境の鴨緑江近くまで軍を進めた。すると「義勇軍」を名乗る中国軍（人民解放軍）が参戦し、国連軍は押し戻され、38度線付近で膠着《こうちゃく》状態に陥った。

そんな中、マッカーサーは原爆使用を検討。51年3月24日には独断で「中国本土攻撃も辞せず」と公言した。これに激怒したトルーマンは4月11日、マッカーサーを解任した。第三次世界大戦となるのを恐れたからだった。

こうしてマッカーサーの日本統治はあっけなく幕を下ろした。

それでも日本でのマッカーサー人気は絶大だった。新聞各紙は解任を惜しみ、業績をたたえる記事を続々と掲載した。帰国の日となった4月16日には羽田空港の沿道に20万人以上が詰めかけ、星条旗と日の丸を掲げてマッカーサー夫妻との別れを惜しんだ。マッカーサーもこの時ばかりは見送りの人々と握手を交わし、バターン号に乗り込んだ。

マッカーサーの占領統治の成否には疑問が残るが、統治者としての演出は超一流であり、間違いなく成功した。その呪縛《じゅばく》は70年を経た今もなお残っている。

マッカーサーに動じなかった吉田茂

ＧＨＱの占領統治が始まった１９４５年9月。全国の都市部は焼け野原が広がり、バラック建ての闇市が点在した。東京では、新宿、新橋、上野、池袋などに闇市ができた。

江戸東京博物館館長の竹内誠は毎日のように上野の闇市を通って旧制上野中学に通った。

新橋駅周辺は戦後闇市としてにぎわった。1945年12月30日撮影の写真を、現在のＪＲ新橋駅西口の写真と合成した

饅頭《まんじゅう》、クジラベーコン、ピーナツ、タワシ、茶碗《ちゃわん》——。食料や生活用品が所狭しと並び、「これを足して、さらにおまけで」と威勢のよい声が響いた。飲み屋のバラック街もあり、夜になると「カストリ」と呼ばれる密造焼酎を求め、男たちが集まった。46年に入ると瓦礫《がれき》は次第に撤去され、並木路子の「リンゴの唄《うた》」があちこちで流れるようになった。

上野駅前には小箱を脇に抱えた子供たちが進駐軍相手の靴磨きをしていた。上野山の坂道には米兵相手の娼婦《しょうふ》「パンパンガール」が並び、理由は分からないが、頻繁に髪の毛をつかみ合ってけんかしていた。

竹内と母親が上野公園で弁当を開いたら、後ろから子供の手がニュッと伸びて握り飯をつかんだ。戦災孤児だった。仕方なしに「どうぞ」と渡すとニヤッと笑って走り去った。竹内は懐かしそうにこう振り返る。

「戦争で敗れてどん底だったが、みんなは意外と明るく活気があった。今日より明日、明日よりあさってと世の中がよくなっていくイメージをみんな持っていたんだな……」

マッカーサーの主要な任務は、「戦争犯罪人の処罰」「非軍事化」「民主化」の3つだった。そこでマニラの極東司令官時代からの部下「バターン・ボーイズ」をGHQ

占領下の日本で長く首相を務めた吉田茂。ちゃめっ気のある
皮肉でマッカーサーとの信頼関係を築き上げた

の要所に配し、権力をより固めた。

中でも信頼を寄せたのが、弁護士出身の将校で、民政局（GS）局長、コートニー・ホイットニーだった。GHQ内で唯一マッカーサーとアポなしで面会でき、ほぼ毎夕1時間ほど面談した。これにより、ホイットニー率いるGSはGHQ内で覇権を握り、主要な占領政策をほぼ独占して推し進めることになった。

だが、GSの「民主化」は急進的かつ社会主義的だった。戦前の政府要人や大物議員、財界人は「反動的」とみなして次々に公職追放し、日本社会党に露骨に肩入れしたため、政界は混乱が続いた。

GSは、外相を経て首相となる吉田茂も敵視した。吉田の孫で、現副総理兼財務相の麻生太郎はこう語る。

「祖父はマッカーサーとの信頼関係を醸成することでGSの介入を排除しようとしたんだな。ホイットニーに呼ばれても『わしはトップとしか会わんよ』と無視を決め込んでいたよ」

では、吉田はどうやって気難しいマッカーサーの信頼を勝ち得たのか――。

マッカーサーは執務中ほとんど席に着かず、室内を歩き回るのが癖だった。しかも軍人らしく7歩歩くと回れ右、また7歩歩くと回れ右を繰り返す。これを見た吉田はちゃめっ気たっぷりにつぶやいた。

「まるで檻《おり》の中のライオンだな……」

マッカーサーは一瞬ムッとした後、ニヤリと笑った。マッカーサーがフィリピン製の葉巻を勧めると、吉田は「私はキューバ製しか吸わないんだ」と懐から葉巻を取り出した。

誰もが恐れる最高権力者に対して不遜極まりない態度だが、マッカーサーは「面白いやつだ」と思ったらしく、吉田との面会には応じるようになったという。

ある日、吉田は「食糧難がひどく、このままでは大量に餓死者が出る。至急食糧支援をお願いしたい」と申し出た。マッカーサーは「では必要量を統計からはじいてくれ」と即答し、米国から大量の小麦粉や脱脂粉乳などを送らせた。

ところが大量の在庫が出た。マッカーサーが吉田に「一体どんな統計データを基に必要量をはじいたんだ」と迫ると、吉田は平然とこう言ってのけた。

「日本がきちんと統計をできるなら米国と戦争なんかしていない」

「真相はこうだ」の真相

果たしてGHQの「民主化」は成功といえるのか。

マッカーサーのせっかちな性格を反映し、その動きは確かに素早い。１９４５年10月４日には内相の山崎巌と特高警察の警官ら約４千人を罷免、政治犯の即時釈放を命じた。11日には婦人解放や労組活動の奨励などの５大改革指令を出した。12月には日本政府に農地改革を命じ、国家神道を禁じる神道指令を発した。国会では婦人参政権を付与する衆院議員選挙法を改正・公布。その後も警察や内務省の解体などを着々と進めた。

翌46年２月３日、マッカーサーは「戦争の放棄」など３原則を示し、ＧＳに憲法草案の作成を命じて、憲法草案はわずか１週間ほどで完成した。４月には戦後初の衆院選を実施、11月に新憲法の公布にこぎ着けた。

農地改革は全国の小作農の喝采を浴び、ＧＨＱの求心力を高めた。だが、あまりに農地を細分化したため、専業農家はその後減り続けた。後継者不足で耕作放棄地ばかりとなった農業の現状を見ると手放しでほめることはできない。

20万人超の公職追放は政財界に大混乱をもたらし、社会党や労組への肩入れは労働運動の先鋭化を招き、社会不安が深刻化した。財閥解体も産業界の復興を遅らせただけ。鉄道や道路などインフラ整備などにはほぼ無関心で、激しいインフレが人々を苦しめた。

GHQの占領政策の当初目標は、日本が二度と米国に歯向かわないよう、その潜在力をたたきのめすことにあった。「平和憲法」制定を含め、その目的は達成したといえる。

だが、国際情勢がそれを許さなかった。欧州で米ソの対立が深刻化し、米政府内で「反共」の防波堤としての日本の重要性が再認識され始めたからだ。これに伴い戦前に駐日米大使を務めたジョセフ・グルーら知日派の「ジャパン・ロビー」が復権した。GHQ内ではGSと他部局の覇権争いがあり、48年10月の第2次吉田内閣発足時にはGSは力を失っていた。

占領政策は「民主化」から「経済復興」に大きくかじが切られた。ところが、超緊縮財政を強いるドッジ・ラインで大不況となり、日本の本格的な復興が始まったのは、皮肉にも50年6月に勃発した朝鮮戦争により特需が起きたからだった。

GHQの「非軍事化」「民主化」の切り札はもう一つあった。民間情報教育局（CIE）が担った「ウォー・ギルト・インフォメーション・プログラム（WGIP）」だった。

これは徹底的な言論統制とプロパガンダ（政治宣伝）で日本人に贖罪《しよくざい》意識を植え付けるという非民主的な策謀だった。

言論統制の象徴である「新聞報道取締方針」は戦艦ミズーリでの降伏調印式から8日後の45年9月10日に発せられた。GHQへの批判はもとより、進駐軍の犯罪・性行為、闇市、飢餓など30項目が削除・発禁対象として列挙された。

GHQは手始めに9月14日に同盟通信社（共同、時事両通信社の前身）を翌15日正午まで配信停止とし、事前検閲を始めた。9月18日には朝日新聞を2日間の発禁処分にした。原爆投下を批判する鳩山一郎（後の首相）の談話を掲載したためだった。これ以降、各紙はGHQの礼賛記事を競って掲載するようになった。

「日本軍＝悪」「米軍＝正義」という歴史観を刷り込む宣伝工作も着実に進められた。45年12月8日、日米開戦の日に合わせて新聞連載「太平洋戦争史」（計10回）が全国の日刊紙で始まった。中国やフィリピンで行った日本軍の残虐行為を断罪する内容で、GHQは連載終了後、文部省に対して太平洋戦争史を教科書として買い取るよう命じた。

12月9日にはNHKラジオ番組で「真相はこうだ」の放送を始めた。反軍国主義の文筆家が少年の問いかけに答える形で戦争中の政治・外交を解説するこのシリーズは2年間も続いた。

CIEの手口は巧妙だった。「誰が日本を戦争に引きずり込んだのか」という問いには「人物を突き止めるのは不可能。責任者は日本人自身だ」と答えて「一億総懺悔《ざんげ》」を促した。自らの言論統制は巧みに隠しながら、戦時中の検閲や言論弾圧を糾弾し、開戦時の首相、東條英機に怒りの矛先が向くよう仕向けた。

放送当初は懐疑的・批判的な日本人も多かったが、情報に飢えた時代だけに聴取率は高く、次第に贖罪意識は浸透していった。

ところが、48年に入るとCIEは方針をジワリと転換させた。2つの懸念が出てきたからだ。1つは広島、長崎への原爆投下への憎悪。もう1つは、東條英機が東京裁判で主張した「自衛戦争論」だった。この2つに共感が広がると日本人の怒りは再び米国に向きかねない。

こう考えたCIEは「侵略戦争を遂行した軍国主義の指導者層」と「戦争に巻き込まれた一般国民」という構図を作り出し、批判をかわすようになった。宣伝工作や検閲も日本政府に代行させるようになった。

GHQの洗脳工作は見事に成功した。51年9月8日のサンフランシスコ講和条約を経て独立を回復した後も、GHQの占領政策は肯定され、戦前は負の側面ばかりが強調された。

文芸評論家の江藤淳が『閉《と》ざされた言語空間』でGHQの言論統制を暴いたのは戦後

30年以上たった昭和50年代後半。ジャーナリストの櫻井よしこが『真相箱の呪縛を解く』でさらに詳しく告発したのは21世紀に入ってからだ。WGIPは戦後70年を経た今もなお日本人の歴史観を束縛し、精神を蝕《むしば》んでいる。

マッカーサーが認めた自衛の戦争

「老兵は死なず。ただ消えゆくのみ。神が示すところに従い自己の任務を果たさんと試みた一人の老兵として。さようなら」

1951年4月19日。米上下院合同会議で、連合国軍最高司令官として日本を占領統治したマッカーサーは半時間の退任演説をこう締めくくった。

後に第37代大統領となる共和党上院議員のリチャード・ニクソンは演説を聴き、その感激を自著「指導者とは」にこう記した。

「マッカーサーは古代神話の英雄のようだった。彼の言葉は力強く議場全体が魔術にしびれ、演説は何度も拍手で中断された。ある上院議員は『共和党員は感激でまぶたを濡らし、民主党員は恐怖でパンツを濡らした』と語った……」

8日前の11日、マッカーサーは米大統領、トルーマンに全ての役職を解任され、帰国した。人生の黄昏《たそがれ》を感じさせる演説だが、心中は闘争心でみなぎっていた。

マッカーサーは52年の大統領選に共和党から出馬し、民主党候補として再選を狙うであろうトルーマンを完膚なきまでにたたき潰す腹づもりだったのだ。演説でも「私の朝鮮政策だけが勝利をもたらす。現政権の政策は長く終わりのない戦争を継続するだけだ」とトルーマンを批判した。

米国内のマッカーサー人気は絶大だった。愛機「バターン号」がサンフランシスコに到着した際は50万人以上が出迎え、ワシントン、ニューヨーク、シカゴ、ミルウォーキーの各地で行われたパレードには総勢数百万人が集まった。逆に「英雄」を解任したトルーマンに世論は冷ややかで、マッカーサーの第二の人生は順風満帆に見えた。

米上院軍事・外交合同委員会はマッカーサーを聴聞会に召喚した。テーマは「極東の軍事情勢とマッカーサーの解任」。背景にはトルーマン政権に打撃を与えようという共和党の策謀があった。

マッカーサーは快諾した。大統領選の指名争いに有利だと考えたからだ。狙い通り、世界中のメディアが聴聞会の動向に注目し、事前から大々的に報じた。

5月3日の聴聞会初日。証言台に立ったマッカーサーは質問に誠実に応じ、50年6月に勃発《ぼっぱつ》した朝鮮戦争の経緯をよどみなく説明し続けた。

質問者の共和党上院議員、バーク・ヒッケンルーパーは「赤化中国を海と空から封鎖するという元帥の提案は米国が太平洋で日本を相手に勝利を収めた際の戦略と同じではないか」とただした。

マッカーサーの戦略の正当性を補強するのが狙いだったが、マッカーサーの回答は予想外だった。

「日本は4つの小さい島々に8千万人近い人口を抱えていたことを理解しなければならない」

「日本の労働力は潜在的に量と質の両面で最良だ。彼らは工場を建設し、労働力を得たが、原料を持っていなかった。綿がない、羊毛がない、石油の産出がない、スズがない、ゴムがない、他にもないものばかりだった。その全てがアジアの海域に存在していた」

「もし原料供給を断ち切られたら1000万〜1200万人の失業者が日本で発生するだろう。それを彼らは恐れた。従って日本を戦争に駆り立てた動機は、大部分が安全保障上の必要に迫られてのことだった」

会場がどよめいた。証言通りならば、日本は侵略ではなく、自衛のために戦争したことになる。これは「侵略国家・日本を打ち負かした正義の戦争」という先の大戦の前提を根底から覆すどころか、東京裁判（極東国際軍事裁判）まで正当性を失ってしまう。

もっと言えば、5年8カ月にわたり日本を占領統治し「民主化」と「非軍事化」を成し遂げたというマッカーサーの業績までも否定しかねない。

この発言は共和党の期待を裏切り、激しい怒りを買った。マッカーサー人気はこの後急速にしぼみ、大統領の夢は潰《つい》えた。

「12歳の少年」の真意は何か

なぜマッカーサーはこのような証言をしたのか。

日本の「自衛戦争」を認めた理由についてマッカーサーは回顧録でも触れていない。だが、マッカーサーが朝鮮戦争でどのような戦略を描いたかをひもとくと答えが見えてくる。

マッカーサーは、朝鮮戦争を通じて北朝鮮の背後にいるソ連、中国（中華人民共和国）という共産主義国の脅威を痛感した。

朝鮮と台湾が共産主義国の手に落ちれば、日本も危うく、極東での米国の陣地は失われ、防衛線は米西海岸まで後退しかねない。それを防ぐには朝鮮半島を死守するしかない。この見解は国務省や国防総省にも根強くあった。

ところが、トルーマンは、北大西洋条約機構（NATO）加盟国が「中ソが徹底的に対立すれば、欧州はソ連の報復攻撃を受けかねない」と動揺したこともあり、北緯38度線付近で「痛み分け」にする策を練っていた。

これに対して、マッカーサーは中国を海と空で封じ込め、毛沢東率いる共産党政権を倒さねば、将来の米国の安全を脅かすと主張して譲らなかった。これがトルーマンがマッカーサーを解任した理由だった。

マッカーサーの主張は、その後の歴史をたどっても説得力がある。ただ、朝鮮半島を死守しつつ、大陸の中ソと対峙《たいじ》するという戦略は、日本政府が独立を守るために日清戦争以来とってきた戦略と変わりない。

「過去100年に米国が太平洋地域で犯した最大の政治的過ちは共産勢力を中国で増大させたことだ。次の100年で代償を払わなければならないだろう」

マッカーサーはこうも語った。これは「米国は戦う相手を間違った。真の敵は日本ではなくソ連や中国共産党だった」と言っているのに等しい。

マッカーサーは日本の占領統治と朝鮮戦争を通じて日本の地政学的な重要性に気づいたに違いない。「自衛戦争」発言は、自らの戦略の優位性を雄弁に語るうちにポロりと本音が出たとみるべきだろう。

他にもマッカーサーは重要な証言を残した。

民主党上院議員、ラッセル・ロングが「GHQは史上類を見ないほど成功したと指摘されている」とたたえたところ、マッカーサーは真っ向から否定した。

「そうした評価を私は受け入れない。勝利した国家が敗戦国を占領するという考え方がよい結果を生み出すことはない。いくつか例外があるだけだ」

「交戦終了後は、懲罰的意味合いや、占領国の特定の人物に対する恨みを持ち込むべきではない」

それならば日本の占領統治や東京裁判は一体何だったのかとなるが、これ以上の追及はなかった。

別の上院議員から広島、長崎の原爆被害を問われると「熟知している。数は両地域で異なるが、虐殺はどちらの地域でも残酷極まるものだった」と答えた。原爆投下を指示したトルーマンを批判したかったようだが、原爆を「虐殺」と表現した意義は大きい。

このように3日間続いた聴聞会でのマッカーサー証言は日本人を喜ばせたが、ある発言で一転して激しい怒りと失望を招いた。

「科学、芸術、神学、文化においてアングロサクソンが45歳だとすれば、ドイツ人も同程度に成熟していた。日本人はまだわれわれの45歳に対して12歳の少年のようである」

ただ、この発言の前後で「学びの段階に新しい思考様式を取り入れるのも柔軟だ。日本人は新しい思考に対して非常に弾力性に富み、受容力がある」とも述べている。「日本人の柔軟性」をよい意味で少年に例えたといえなくもない。

日本人は大戦で勇猛に戦い、米軍を震撼《しんかん》させながら、敗戦後は驚くほど従順でマッカーサーの治世を称賛した。マッカーサーにはその姿が「12歳の少年」に映ったのではないか。

1952年7月の共和党大会で、かつての部下で欧州戦線の最高司令官を務めたドワイト・アイゼンハワーが指名され、53年に第34代大統領に就任した。

マッカーサーは引退し、ニューヨークのホテル・ウォルドーフ・アストリアのスイートルームで愛妻ジーンと余生を過ごした。軍人時代と同じく常に居間を歩き回り、昼寝を欠かさない規則正しい生活を送った。

マッカーサーを尊敬するニクソンは、GHQ民政局長だったコートニー・ホイットニーを通じてホテルの自室に招かれ、その後何度も教えを請うた。ただ、欠点も見抜いていた。

「マッカーサーの最大の過誤は政治的野心を公然と示し、軍事的声望を政治的資産に転じようとしたことだった……」

64年4月5日午後2時39分、マッカーサーはワシントン近郊のウォルター・リード陸軍病院で84年の生涯を閉じた。ポトマック川岸は桜が満開だった。

元首相、吉田茂は産経新聞に「天皇制守った恩人」と題した追悼文を寄せた。昭和天皇も米大統領宛てに弔電を打った。葬儀は8日に米議会議事堂で営まれ、吉田も参列した。

毀誉褒貶《きよほうへん》の激しい人生だった。マッカーサーの評価は日本でもなお定まらない。ただ、上院聴聞会での証言は軍人マッカーサーの偽らざる思いであり、一種の懺悔《ざんげ》だったのかもしれない。その遺体はバージニア州ノーフォークのマッカーサー記念館にジーンとともに葬られている。

第二章　安保改定の真実

極秘に造られた米の核シェルター

米国の首都ワシントンから西南西に車で4時間あまり。アパラチア山脈の森を分け入ると唐突に視界が開け、ホワイトハウスを彷彿《ほうふつ》させる白亜の建造物が現れる。ウェストバージニア州ホワイト・サルファー・スプリングスの「グリーンブライヤー」だ。

歴代大統領が避暑地として利用したことで名高い高級ホテルだが、この地下に連邦議会の巨大な核シェルターが存在することは、1992（平成4）年5月にワシントン・ポスト紙がスクープするまで国家のトップシークレットだった。

バンカー（掩蔽壕《えんぺいごう》）と呼ばれるこの核シェルターは、厚さ1・5メートルのコンクリートで覆われ、地下3階建て。ホテル内壁などに偽装された4カ所の鋼鉄製扉から出入りでき、居住スペースのほか、会議室や食堂、研究室、診療所、放送スタジオまで完備されている。発電機3基と約30万リットルの水タンクを備え、議員スタッフを

米ウェストバージニア州にある高級ホテル「グリーンブライヤー」地下の核シェルターの大扉。重量30トン。ホテル内壁に偽装され内側からしか開かない

含む1100人が2カ月以上暮らすことが可能だという。

施設の維持・管理を担う数人の政府要員は「テレビ修理工」を名乗った。78年からピアニストとしてホテルで働き、現在は広報担当のジェシカ・ライトは、事務所の古ぼけたブラウン管テレビ2台を指さしながらこう語った。

「ホテルで働く人たちも本当に修理工だと信じ込んでいたんです。このようにテレビもたくさんありましたし……」

この核シェルター建設を提案したのは、第34代大統領、ドワイト・アイゼンハワー（愛称アイク）だった。第二次世界大戦時に欧州戦線の連合国軍最高司令官としてノルマンディー上陸作戦を成功させた英雄であり、徹底した反共主義者でもあった。

56年3月、上院院内総務のリンドン・ジョンソン（後の第36代大統領）ら議会指導者はアイクの提案に同意し、ホテル経営会社と「米議会にとって死活的に重要な事項」に関わる秘密契約を結んだ。計画は「グリーク・アイランド（ギリシャ島）」というコードネームで呼ばれ、59年に着工、61年に完成した。

アイクが核シェルター建設を急いだのは、米ソ核戦争の危機が迫っていると判断したからだった。

ソ連の最高指導者であるニキータ・フルシチョフは56年2月、第20回ソ連共産党大会で、53年に死去するまで独裁制を敷いたヨシフ・スターリンを批判し、米国との平和共存路線を打ち出した。国際世論はこれを「雪解け」と歓迎したが、アイクは決して信じなかった。回顧録ではフルシチョフをこう酷評している。

「彼は世界革命と共産主義支配というマルクス主義理論への忠誠により盲目となっていた。彼にとって世界の諸国民の将来の幸福などは全くどうでもよく、共産主義思想実現のため彼らを組織的に利用することだけを考えているのだ」

50年代後半から60年代にかけて米ソ核戦争は切迫した脅威だった。国務長官のジョン・ダレスは54年1月、ソ連が欧州に侵攻すれば、圧倒的な核戦力で報復する「大量報復戦略」を宣言したが、ソ連が米本土を核攻撃する能力を持てば、この戦略は「絵に描いた餅」となりかねない。

「（連合国軍最高司令官の）マッカーサーは朝鮮戦争で核兵器の使用を検討しました。アイクも同様に地域紛争が米ソ戦争に拡大しかねないと考えたのでしょう。そんな事態となっても議会という制度、そして憲法の枠組みを残さねばならないのです」

グリーンブライヤー専属の歴史家（博士）のロバート・コンテはこう解説した。

57年に入ると、アイクを震撼《しんかん》させるニュースが次々に飛び込んできた。

8月26日、ソ連は大陸間弾道ミサイル（ＩＣＢＭ）実験成功を発表した。10月4日には人類初の人工衛星「スプートニク1号」、11月3日に「同2号」の打ち上げを成功させた。これはワシントンを含む米全土がソ連のICBMの射程圏に入ったことを意味する。これで戦略爆撃機を大量保有することにより優位性を保っていた米国の核戦略は覆った。アイクは回顧録に怒りをぶつけた。

「スプートニクは米国民の心理的な弱さを露呈させた。共産主義者たちは騒乱を扇動し、サーベルを鳴らし続けた……」

フォード財団のローワン・ゲイサー率いる諮問機関「安全保障資源パネル」は11月7日、「核時代における抑止と生き残り」と題した報告書をまとめた。59年末までにソ連が核弾頭を搭載したICBM100発を米国に向け発射可能になると推計するショッキングな内容だった。米兵力の脆弱《ぜいじゃく》さを指摘し、大量報復戦略の有効性にも疑問を投げかけた上で、「われわれの市民は無防備状態に置かれる」として大規模核シェルター建設などを提言した。

ゲイサーから報告書を受け取ったアイクは動揺を抑えるように「われわれはパニックに陥ってはならないし、自己満足をしてもいけない。極端な手段は避けるのだ」と語り、報告書を極秘扱いにするよう命じた。ダレスも、とりわけ核シェルター建造に関する部分を問題視し「公表すれば欧州の友人（同盟国）を見限ることになる」と述べた。

11月7日夕、アイクはホワイトハウスの執務室からテレビとラジオで国民向けに演説し「核兵器の分野では質も量もソ連に大いに先んじている」と強調した。それでも「衛星打ち上げに必要な強力な推進装置により証明されたソ連の先進技術や軍事技術の能力には軍事的重要性がある」と認めざるを得なかった。

アイクは、世界中に展開する米軍の通常兵力を削減し、余った予算をICBMやSLBM（潜水艦発射弾道ミサイル）など戦略兵器の開発・増強に回す「ニュールック戦略」を進めていたが、スプートニク・ショック後、この動きを加速させた。63年までにICBMを80基に増やす計画も130基に上方修正した。

アイクは同盟国との関係強化にも躍起となった。わけても日本の戦略的重要性は抜きんでていた。

経済は官僚がやってもできる

日本列島は、日本海を隔ててソ連、中国、北朝鮮など東側陣営と対峙《たいじ》している。駐日米大使のジョン・アリソンは、ダレスに「日本は独ルール地方と並ぶ工業地帯であり、もし共産主義勢力に乗っ取られれば、われわれは絶望的な状況に陥る」と報告していた。

にもかかわらず、日本には、冷戦下の切迫した国際情勢を理解する者はほとんどいなかった。政界は数合わせの政局に明け暮れ、メディアも安全保障や軍事には無知だった。大統領特別顧問のフランク・ナッシュはこう例えている。

「日本は不思議の国のアリスの夢の世界のような精神構造に置かれている」

ただ、1957年2月に第56代首相に就任した岸信介は違った。岸は戦前に革新官僚として統制経済を牽引《けんいん》し、東條英機内閣で商工相を務めたことから、戦後はA級戦犯として巣鴨拘置所に収監され、不起訴となった経歴を持つ。国際情勢を見誤れば、国の行く末が危ぶまれることは骨身に染みていたのだろう。

それでも岸が就任直後に掲げた公約は、汚職・貧乏・暴力という「三悪」の追放だった。安全保障に関しては「対米関係の強化」「日米関係の合理化」という言葉しか使っていない。

その裏で、岸は就任当初から旧日米安全保障条約改定に狙いを定めていた。51年9月のサンフランシスコ講和条約と同時に締結した旧安保条約は、在日米軍に日本の防衛義務がないばかりか、条約期限も事前協議制度もなかった。しかも日本国内の内乱に米軍が出動できる条項まであった。岸はかねて「これでは米軍が日本全土を占領しているような状態だ」と憂慮していた。

女婿で毎日新聞記者から秘書官となった安倍晋太郎（後の外相、現首相・安倍晋三の父）が「得意の経済で勝負した方がよいのではないですか」と進言すると、岸は鼻で笑った。

「首相とはそういうものじゃない。経済は官僚がやってもできる。何か問題が生じたら正してやればよいのだ。首相であるからには外交や治安にこそ力を入れねばならんのだ」

にもかかわらず、安保条約改定を掲げなかったのは対米交渉の難しさを実感する経験があったからだ。

55年8月、岸は民主党幹事長として外相の重光葵の訪米に同行した。ダレスとの会談で、重光は唐突に「日本は現行条約下で増大する共産主義の宣伝工作に立ち向かわなければならない。共産主義と戦うための武器がほしい。これを条約改定で得たい」と安保改定を求めたが、ダレスはけんもほろろに言い放った。

「偉そうなことを言うが、日本にそんな力はあるのか？ グアムが攻撃されたとき、日本は米国を助けに来られるのか？」

このやりとりを聞きながら岸は「ダレスが言うのももっともだが、やはり日米安保条約は対等なものに改めなければならない」と感じ入った。

以後、岸は安保条約改定を最大の政治課題と位置づけ、首相就任直後から着々と布石を打っていくが、日米両政府が公式に改定交渉で合意したのは58年9月11日。その秘密主義は徹底していた。

アイクは、岸の首相就任を心から歓迎した。日米同盟を強化させる好機だと考えたからだ。岸は戦前に駐日米大使を務めたジョセフ・グルーらと親交があったこともあり、岸の去就はかねて米国から注目されていたが、アイクには岸の頑強な「反共」「保守」の姿勢が頼もしく映ったようだ。

条約改定は一国の意向では動かない。安全保障に関わる事案はなおさらだ。岸とアイク。この極めて個性の強い日米首脳がくしくもそろい踏みとなったことで安保条約は改定に向けて動き出した。

歴史はゴルフ場でつくられた

1957年6月19日朝、米ワシントンに到着した岸がその足でホワイトハウスに向かうと、アイクが笑顔で出迎えた。

アイク「午後は予定がありますか？」

岸「別にありませんが……」

アイク「そうか。それではゴルフをしよう！」

サプライズはこれだけではなかった。

ホワイトハウスでの昼食会では、国務長官のジョン・ダレスが「国連経済社会委員会の理事国に立候補する気はないか？」と持ちかけ、応諾すると「米国は全力を挙げ応援する」と約束してくれた。

昼食後、岸とアイクらはワシントン郊外の「バーニング・ツリー・カントリークラブ」に向かった。岸の体格にぴったりあったベン・ホーガン製のゴルフセットも用意されていた。

アイクは、米国育ちで後に官房副長官を務めた松本滝蔵と組み、岸は上院議員のプレスコット・ブッシュ（第41代大統領のジョージ・H・W・ブッシュの父、第43代大統領のジョージ・W・ブッシュの祖父）と組んだ。スコアはアイク74、松本98、岸99、ブッシュ72だった。

1ラウンド終えてロッカー室に行くと、アイクは「ここは女人禁制だ。このままシャワーを浴びようじゃないか」と誘い、岸と2人で素っ裸でシャワー室に向かい、汗を流した。

ロビーに戻ると新聞記者に囲まれ、プレーの感想を聞かれた。アイクは笑顔でこう応じた。

「大統領や首相になると嫌なやつとも笑いながらテーブルを囲まなければならないが、ゴルフだけは好きな人とでなければできない」

まさに破格の歓待だった。アイクには、先の大戦を敵国として戦い、占領・被占領の立場をへて強力な同盟国となったことを内外にアピールする狙いがあったが、それ以上に「反共の同志」である岸に友情を示したかったようだ。

外相を兼務していた岸は21日までの3日間でアイクやダレスらと計9回の会談をこなした。

アイクも交えた最後の会談で、岸はダレスにこう切り出した。

「これで日米は対等な立場となったが、1つだけ非常に対等でないものがある。日米安全保障条約だ」

ダレスは、51年9月にサンフランシスコ講和条約と同時締結した旧安保条約を国務省顧問として手がけただけに条約改定に否定的だった。

55年に外相の重光葵が条約改定を求めた際は「日本にそんな力はあるのか」と一蹴している。だが、今回は苦笑いをしながらこう応じた。

「これは一本取られた。確かに安保条約改定に取り組まねばならないが、政治家だけで話し合って決めるわけにはいかない。日米の委員会を設け、今の条約を変えずに日本の要望を入れられるか、改正しなければならないかを検討しよう」

会談後の共同声明は、岸が唱える「日米新時代」が骨格となり「日米両国は確固たる基礎に立脚し、その関係は今後長期にわたり、自由世界を強化する上で重大な要素をなす」とうたった。安保条約に関しても「生じる問題を検討するための政府間の委員会を設置することで意見が一致した」と盛り込まれたが、会談で条約改定まで議論が及んだことは伏せられた。

最良で唯一の岸信介に賭けた

岸―アイク会談がこれほど成功したのはなぜか。

1つは、岸が、アイクのニュールック戦略に応えるべく、訪米直前の1957年6月14日に第1次防衛力整備3カ年計画を決め、〝手土産〟にしたこともある。

だが、それ以上の立役者がいた。岸内閣が発足した57年2月25日、駐日米大使に就任したダグラス・マッカーサー2世だった。

連合国軍総司令部（GHQ）最高司令官だったダグラス・マッカーサーの甥《おい》だが、

軍人ではなく外交官の道を選び、北大西洋条約機構（NATO）軍最高司令官だったアイクの外交顧問を務めた。欧州での外交官歴が長く知日派ではないが、前任のジョン・アリソンと違い、ホワイトハウスに太いパイプを持っていた。

ところが、就任直前の1月30日に予期せぬ大事件が起きた。群馬県の米軍相馬ケ原演習場で米兵が空薬莢《やっきょう》を集めていた主婦を射殺した「ジラード事件」だ。マッカーサーは就任前から対応に追われることになったが、おかげで岸と親交が深まった。叔父と違って物腰が柔らかく理知に富むマッカーサーは「反共」という共通点もあり、岸とウマがあったようだ。

4月13日、岸はマッカーサーと秘密裏に会い、2通の文書を渡した。1つは沖縄と小笠原諸島の10年以内の返還を求める文書。もう1つは安保条約改定を求める文書だった。マッカーサーは即座にダレス宛てに公電を打った。

「日本との関係はターニングポイントを迎えた。可及的速やかに他の同盟国並みに対等なパートナーにならなければならない」

マッカーサーは、ジラード事件を通じて、日本でソ連が反米闘争を後押しし「国連加盟により米国と離れても国際社会で孤立することはない」として日本の「中立化」を促す工作を行っていることを知った。公電にも、中立化工作に危機感をにじませて

首相官邸での岸信介（左）と会談する駐日米大使のダグラス・マッカーサー2世（1957年3月）

いる。

ダレスは難色を示したが、マッカーサーは5月25日付で書簡を送り、「岸は反共主義者であり、米国の核抑止力の重要性にも理解を示している。岸とは仕事ができる」と再考を促した。

アイクの特命で米軍の海外基地に関する検証を続けていた大統領特別顧問のフランク・ナッシュも6月5日、ダレスに「岸に対する賭けは『最良の賭け』であるばかりか、『唯一の賭け』なのだ」と進言した。

ダレスの心境も次第に変わっていった。岸の訪米を目前に控えた6月12日、ダレスはアイク宛てのメモでこう進言した。

「岸は戦後日本で最強の政府指導者になる。注意深い研究と準備が必要だが、現在の安保条約に代わり得る相互安保協定に向けて動くことを岸に提案する時が来た」

協定という表現ではあるが、安保条約改定に向けての大きな一歩となった。

外務省は何も知らなかった

岸は、冗舌で気さくな人柄で知られる一方、徹底した秘密主義者でもあった。首相退陣後は取材にもよく応じ、多数の証言録や回顧録が残るが、マッカーサーとの秘密会談などにはほとんど触れていない。

政府内でも岸はほとんど真意を明かさなかった。外務省北米2課長として岸―アイク会談に同席した東郷文彦（後の駐米大使）さえも回顧録に「首相自身も恐らく条約改定の具体的な姿まで描いていたわけではなかったのではないか」と記している。

だが、岸はマッカーサーと秘密裏に会合を重ねていた。1957年末には、岸が「安保条約を再交渉する時が来た」と切り出し、その後は具体的な改定案まで検討していた。マッカーサーは58年2月18日に条約改定草案を国務省に送付している。

ところが、色よい返事はない。業を煮やしたマッカーサーは草案を携えてワシントンに乗り込んだ。

「ダグ、私が交渉した条約に何か問題でもあるのかね？」

ダレスは開口一番、冷や水を浴びせたが、もはや改定する方向で腹を固めていた。アイクはこう命じた。

「議会指導者たちに会い、彼らがゴーサインを出したら交渉は君の責任でやってくれ」

日本に戻ったマッカーサーはすぐに岸と面会した。吉報にさぞかし喜ぶかと思いきや、岸は浮かない表情でぼやいた。「吉田茂（第45、48〜51代首相）が改定に乗り気じゃないんだ……」

マッカーサーはすぐに米陸軍のヘリコプターで神奈川県大磯町の吉田邸に飛んだ。門まで出迎えた吉田は開口一番こう言った。

「私が交渉した条約に何か問題でもあるのかね？」

マッカーサーは「ダレスからも全く同じことを言われましたよ」と返答すると2人で大笑いになった。吉田も条約改定の必要性は十分理解していたのだ。

この間、外務省はずっと蚊帳の外に置かれていた。外務省が「話し合いの切り出し方」をまとめたのは58年5月になってからだ。しかも条約改定ではなく政府間の交換公文で処理する方針だった。

57年7月の内閣改造で外相に就任した藤山愛一郎にも岸は秘密を貫いた。藤山は、58年5月の衆院選後に東京・渋谷の岸邸を訪ね「安保改定をやろうじゃありませんか」と持ちかけたところ、岸は「やろうじゃないか」と応諾したと回顧録に記している。岸とマッカーサーがすでに具体的な改定案まで検討していることを全く知らなかったのだ。

岸が安保条約改定を政府内で明言したのは、58年8月25日に東京・白金の外相公邸で開かれた岸、藤山、マッカーサーの公式会談だった。マッカーサーが、旧安保条約の問題点を改善するため、（1）補足的取り決め（2）条約改定――の2つの選択肢を示したところ、岸は即答した。

「現行条約を根本的に改定することが望ましい」

交換公文などによる「補足的取り決め」での改善が現実的だと考えていた外務省幹部は仰天した。

ソ連スパイ工作の手口とは

1960年より少し前だった。産経新聞社の駆け出しの政治記者だった佐久間芳夫は、東京・麻布狸穴町《まみあなまち》（現港区麻布台）のソ連大使館の立食パーティーで、3等書記官を名乗る若い男に流暢《りゅうちょう》な日本語で声をかけられた。とりとめもない会話を交わした後、別れ際に「ぜひ今度一緒にのみましょう」と誘われた。

数日後、男から連絡があり、都内のおでん屋で再会した。男は日米安全保障条約改定や日ソ漁業交渉などの政治案件について執拗《しつよう》に探りを入れた後、声を細めてこう切り出した。

「内閣記者会（首相官邸記者クラブの正式名称）の名簿をくれませんか？」

佐久間が「それはできないよ」と断ると、男は「あなたはいくら給料をもらっていますか。家庭があるなら生活が苦しいでしょう」と言い出した。

佐久間は「失礼なやつだ」と思い、それっきり男とは会っていないが、もし要求に応じていたらどうなっていたか。半世紀以上を経た今も、思い出すと背筋に冷たいものが走る。

56年10月19日、第52〜54代首相の鳩山一郎が、モスクワでソ連首相のブルガーニンと共同宣言に署名し、日ソの国交が回復した。

これを機に、ソ連は在日大使館や通商代表部に諜報機関兼秘密警察の国家保安委員会（KGB）要員を続々と送り込み、政財界や官界、メディアへの工作を続けていた。

57年2月に岸信介が第56代首相に就任した後は動きを一層活発化させた。

警視庁外事課外事1係長だった佐々淳行（初代内閣安全保障室長）は100人超の部下を指揮してKGB要員の行動確認を続けていた。

当時、警視庁が把握したKGB要員は三十数人。その多くが3等書記官など低い身分を偽っており、驚いたことにトップは大使館付の長身の運転手だった。

KGBの工作対象は政界や労組、メディアなど多岐にわたったが、佐々はシベリアに抑留され、ソ連への忠誠を誓った「誓約引揚者」との接触を注視した。シベリアで特殊工作員の訓練を積みながらも帰国後は口をつぐみ、社会でしかるべき地位についたところでスパイ活動を再開する「スリーパー」である可能性が大きかったからだ。

外事課ベテラン捜査員はある夜、KGB要員が都内の神社で日本人の男と接触するのを確認した。男の身元を割り出したところ、シベリアに抑留された陸軍将校だった。男は後に大企業のトップに上り詰め、強い影響力を有するようになった。佐々は当時をこう振り返った。

「誓約引揚者は社会党や労組などに相当数が浸透していた。安保闘争は『安保改定を阻止したい』というソ連の意向を受けて拡大した面は否定できない」

57年6月のアイクと岸の会談は、日米同盟の絆を内外に印象づけたが、ソ連は危機感を募らせた。鳩山や第55代首相の石橋湛山が対米自主路線を掲げて、ソ連に好意的だっただけになおさらだった。

もし安保条約が改定され、日本の再軍備が進めば、オホーツク海～日本海～東シナ海を封じ込めるように「自由主義圏の鎖」が完成する。それだけは避けたいソ連は日本人の〝核アレルギー〟に目をつけた。

ソ連は58年5月15日、日本政府に、米国の核兵器が日本国内に存在するか否かを問う口上書を突きつけた。日本がこれを否定してもその後2度同じ口上書で回答を求めた。

「日本国領域内に核兵器が存在することは、極東における戦争の危険の新たな源泉となる」

口上書でソ連は、核攻撃をちらつかせつつ「日本国の安全の確保は、中立政策を実施する道にある」として「中立化」を迫った。

日米間で安保条約改定交渉が始まるとソ連外相のアンドレイ・グロムイコは58年12月2日、駐ソ大使の門脇季光《すえみつ》を呼び出し、「新日米軍事条約の締結は極東の情勢をより一層複雑化し、この地域における軍事衝突の危険を更に深めるだけである」とする覚書を手渡した。

覚書では「中立」という言葉を4回も使い、米国主導の「侵略的軍事ブロック」からの離脱を要求。その上でこう恫喝《どうかつ》した。

「大量殺戮《さつりく》兵器は、比較的小さい領土に密度の大きな人口と資源の集中度の大きい国家にとって特に生死の危険となる」

ソ連の同志は朝日新聞と社会党

この「中立化」がソ連の対日工作のキーワードだった。露骨に社会主義圏に入るべきだとはせず、「中立化」という言葉を用いた効果は絶大だった。学者・文化人の多くがまだ社会主義への幻想を抱いていた時代。終戦から15年しかたっておらず、国民にも反米感情が強かった。安保条約改定に対して「米国の戦争に巻き込まれる」という宣伝は次第に広がっていった。

だが、ソ連が恫喝を強めれば強めるほど、岸は対米関係強化に突き進んだ。

1960年1月19日、岸は、病に倒れたジョン・ダレスに代わり国務長官となったクリスチャン・ハーターと新安保条約に調印した。アイクとの会談後は共同声明で「新安保条約が極東の平和と安全を大いに強化し、全世界の平和と自由を増進すると確信している」とうたった。

ソ連は怒り狂った。同年4月に漁業交渉のため訪ソした農相の福田赳夫（後の第67

代首相）は、最高指導者で首相のニキータ・フルシチョフと会談した。フルシチョフは鳩山政権時代を懐かしみ「日本はいま安保で騒いでいるが、岸が悪い。鳩山だったらあんなにソ連に挑戦的なことはしないだろう」と論難した。福田が反論すると、フルシチョフは小声で「キシ、キシ」とつぶやいた。ロシア語で「キシ」は「腐る」の意。こんな子供じみた悪態をつくほど岸は目障りな存在だった。

ソ連が反発を強めるにつれ、朝日新聞を中心に多くのメディアは安保改定への批判一色となっていった。「日本は中立化すべき」「安保改定すれば米国の戦争に巻き込まれる」――。スローガンまでもなぜかソ連の主張とそっくりだった。

そもそもメディアは安保改定には無関心だった。

「日米安保条約を改定／近く米側と交渉／藤山外相　具体案の作成指示／片務性を解消へ」

産経新聞朝刊1面をこのスクープが飾ったのは58年7月1日だった。記事を書いたのは産経新聞政治部記者の松平吉弘。記事では、旧安保条約の問題点を指摘し、国民が米軍駐留のメリットを享受できるよう片務性を解消する方向で改定する方向だと報じた。同時に外相の藤山愛一郎が渡米し、米側と正式協議に入る見通しだと伝えた。

岸は57年2月の首相就任直後から駐日米大使のマッカーサー2世と水面下の交渉を

始めたことを考えると決して早いとは言えないが、各紙はこのニュースを黙殺した。

7月3日の参院外務委員会で社会党の羽生三七は産経新聞を片手に記事の真偽をただした。藤山は「忌憚《きたん》なく私が考えているところを米側に率直に言ってみる」と事実関係を大筋で認めたが、各紙はこの答弁を小さく報じただけだった。

記事通り、藤山は58年9月11日、ワシントンでダレスと会談し、安保条約改定の交渉入りを合意した。各紙が安保条約改定について大きく報じ始めたのは、この前後からだった。

50年代後半から80年代にわたり、ソ連の対日工作の責任者は、ソ連共産党中央委員会国際部副部長などを務めたイワン・コワレンコだった。

「闇の司祭」の異名を持つコワレンコはソ連崩壊後、ジャーナリスト・加藤昭の監修で回顧録を残した。

コワレンコは、「灰色の枢機卿」と呼ばれたソ連共産党イデオロギー担当書記のミハイル・スースロフの意向を受け、「日本の中立化」を目指す民主統一戦線を作るべく政界や労働界を奔走したことを回顧録に赤裸々につづった。安保闘争についても「日本の民主勢力にかなり大きな援助を与えた」と明かしている。

ソ連と日本共産党はギクシャクした関係が続いたため、コワレンコが選んだ新たなパートナーは社会党だった。回顧録でも鈴木茂三郎、浅沼稲次郎、勝間田清一、石橋政嗣、土井たか子ら歴代委員長を「ともに仕事をして実り多かった愛すべき闘士たち」と絶賛している。日ソ友好議員連盟などを通じて元労働相の石田博英ら自民党議員にも接触を続けたという。

メディア工作にも余念がなかった。

特に朝日新聞政治部記者で後にテレビ朝日専務になった三浦甲子二とは「兄貴」「弟」と呼び合う仲で「よき友であり同志」だった。「こうした協力者を旧ソ連ではアジェンダ・ブリヤーニ（影響のエージェント）と呼び、三浦の他にも財界人や学者等に多数いた」と明かしている。

同じく朝日新聞のモスクワ支局長、編集局長を経て専務となった秦正流も親しく「ジャーナリストとして非凡な才能の持ち主」「秦の下で朝日新聞の内容は一層よくなった」とたたえた。77年に朝日新聞は、フルシチョフ後の最高指導者、レオニード・ブレジネフとの単独会見を実現させたが、これもコワレンコがすべて取り仕切ったという。

回顧録を監修した加藤は産経新聞の取材に応じ、こう解説した。

「ソ連にとって中立化とは傀儡《かいらい》政権を作るという意味だ。その候補を探すのがコワレンコの役割だった。結局、社会党は日和見で力にならないから彼は自民党にシフトしていく。この時代は、米ソ冷戦の枠組みで国際情勢がすべて動いた。安保改定も安保闘争も、米ソ冷戦のあだ花にすぎないのではないか」

社会党も賛成していた安保改定

１９５８年4月18日、第56代首相の岸信介は、社会党委員長の鈴木茂三郎との会談で、野党の内閣不信任決議案提出を受け、衆院を解散することで合意した。25日、岸は約束通り衆院を解散した。この「話し合い解散」を受けた第28回衆院選（5月22日投開票）は、保守合同と社会党再統一による55年体制後初の総選挙となった。

この時点で岸は、日米安全保障条約を改定する意向を外務省にも漏らしていなかったため、争点のない選挙となった。結果、自民党は絶対安定多数の２８７議席を得て大勝。他の議席は社会党１６６、共産党1、諸派1、無所属12だった。

6月12日、第57代首相に指名された岸は直ちに組閣に入り、実弟の佐藤栄作（第61～63代首相）を蔵相に、池田勇人（第58～60代首相）を国務相に、三木武夫（第66代首相）を経企庁長官に起用した。自民党では副総裁に大野伴睦、幹事長に川島正次郎、総務会長に河野一郎、政調会長には腹心の福田赳夫（第67代首相）を充てた。挙党態勢の強力な布陣だといえる。
「総選挙に示された国民の意志は、大多数が現実的かつ進歩的な政治を信頼し、急激かつ冒険的な変革を欲しないということであります。（略）わが国の民主政治の健全な発達を図るには、極左、極右の活動を抑制せねばなりません。最近ややもすれば、公然と法の秩序を無視し、集団の圧力によって国会活動を不当に掣《せい》肘《ちゅう》するような傾向が見受けられますことは極めて遺憾であります。このような非民主的な活動には毅《き》然《ぜん》たる態度で臨みます」

6月17日の特別国会で、岸は所信表明演説で社会党や共産党との対決姿勢を鮮明に打ち出した。国民の信を得たことによる自信の表れだといえるが、どこかおごりも見てとれる。

孫の安倍晋三（手前）と遊ぶ首相の岸信介。奥は夫人の良子と晋三の兄、寛信（安倍晋三事務所提供）

そして満を持して日米安全保障条約改定に取りかかった。9月11日に外相の藤山愛一郎が訪米し、国務長官のジョン・ダレスと安保条約改定で合意、10月4日に正式交渉が始まった。

これが岸の絶頂期だった。すべて順風満帆で死角はないように見えた。

後に「昭和の妖怪」と呼ばれる岸は、権謀術数をめぐらす老獪《ろうかい》な政治家というイメージがあるが、根は楽天家だった。安保条約改定についても、米軍の占領状態が事実上続く旧安保条約をより対等に改定するのだから、与野党はもとより、大多数の国民が支持してくれると考えていた。

そう思うのも無理はない。社会党でさえも安保条約改定を声高に求めていたからだ。

「8千万民族は、われわれの同胞は、他民族の軍政下にあることは忘れてはなりません。不平等条約の改正をやることが現在日本外交に与えられた大きな使命なり、と私は断ぜざるを得ないのであります」

社会党書記長の浅沼稲次郎（後の委員長）は57年2月27日の衆院本会議の代表質問で、首相に就任したばかりの岸をこうただした。

委員長の鈴木も同月の衆院本会議で「日本民族独立のために、不平等条約の改廃を断行するため、力強く一歩を踏み出す決意を持っていないか」と迫った。後に社会党委員長として「非武装中立論」を唱える石橋政嗣も同年11月の衆院内閣委員会で「不平等条約を平等なものにしたいという国民の熱願」として安保条約改定を求めている。

とはいえ、条約改定は相手国との合意なくしてできない。まして米国相手であり安全保障という国家の存亡にかかわる条約だ。岸は機が熟すまで安保条約改定に関して曖昧な答弁を続けざるを得なかった。回顧録でも岸は「安保条約の改定については、むしろ私の方が慎重であった」と述懐している。

そもそも岸は、若い世代は安保条約改定を強力に支持してくれるはずだと信じていたふしがある。57年6月にアイクと初会談した際、岸はこう語っている。

「憲法改正を実現するには3分の2の議席が必要なのだが、保守政党はここ数年若者に人気がない。(旧安保条約の不平等性により)日本は独立できていないと言い立てるナショナリズムがわき起こっているからだ……」

社会党はなぜ豹変したのか

安保条約改定を支持してくれるはずだった社会党は態度を一変させた。

すでに1958年5月の衆院選で、安保条約「改廃」から「廃止」に公約を変更していたが、まだ政府に改定の動きがなかったため、争点にならなかった。

社会党が安保条約「廃止」に転向するきっかけとなったのは、57年10月のソ連の人工衛星スプートニクの打ち上げ成功だった。これが米ソの軍事的パワーバランスを逆転させ、11月には中国国家主席の毛沢東が「東風が西風を圧した」と宣言した。社会党内の左派は勢いづいた。これに前後してソ連が「日本の中立化」を促す対日工作を活発化させたこともあり、社会党は反米路線を旗幟《きし》鮮明にしていく。

58年5月の衆院選中には、ソ連、中国の露骨な〝選挙介入〟もあった。

5月2日に長崎市内で開かれた中国物産展に男が乱入し、中国国旗を踏みつけ破損させる「長崎国旗事件」が発生すると、中国外相の陳毅は日中貿易の全面停止を通告した。ソ連が、米軍の核兵器が日本国内に存在するか否かを問う口上書を日本政府に突きつけたのも同じ時期だった。

59年3月28日、社会党は総評などとともに「安保改定阻止国民会議」を結成し、議会制民主主義を否定したかのような激しい反対闘争を繰り広げることになる。岸の社会党への淡い期待は完全に裏切られた。

もう一つ大きな誤算があった。58年10月8日、臨時国会に提出した警察官職務執行法（警職法）改正案だ。

警職法は、GHQ占領下の48年に施行され、警察官の職務権限は大きく制限されていた。岸は安保条約改定を控え、騒乱を避け秩序を維持するには、職務質問や所持品調べなど警察官の権限を強める必要があると考えたのだ。

これに先立つ7月11日、岸は駐日米大使のマッカーサー2世と極秘裏に会った。ここで岸は、安保条約改定に先立ち、国会に警職法改正案や防諜法案を提出し、野党・左翼勢力と対決する決意を明かした。同時に国民年金法案や最低賃金法案も提出し、一般国民の支持を得る考えだった。

警職法改正は、岸が就任当初から掲げる「三悪」（汚職・貧乏・暴力）追放の一環でもあったが、予想以上の反発を招いた。

社会党や総評などは10月16日に警職法改悪反対国民会議を結成した。戦時中の特高警察への恐怖が人々の心に色濃く残っていた時代。「オイコラ警察ハンターイ」「デートもできない警職法」「新婚初夜に警察に踏み込まれる」――などキャッチーなフレーズも手伝い、反対運動は一気に広がった。24日には国会周辺で8千人が抗議の提灯《ちょうちん》デモを行った。

社会党が審議拒否に出ると、自民党の三木や池田、松村謙三、石井光次郎ら反主流派の領袖《りょうしゅう》は「法案の無理強いは避けるべきだ」と申し合わせた。

「これ以上警職法で自民党内がグラつけば安保条約改定さえおぼつかなくなる」。こう考えた岸は警職法改正を断念、法案は審議未了で廃案となった。

だが、この譲歩が逆に自民党内の反主流派を勢いづかせる結果となった。

自民党内の不穏な空気を感じ取った岸は58年12月、翌59年3月に予定された自民党総裁選を1月に繰り上げた。これが「対抗馬の動きを封じる策略だ」と受け止められ、池田、三木、灘尾弘吉の3閣僚が辞表をたたきつけた。

「私が世の中で一番嫌いな奴は三木だ。陰険だよ。あの顔つきをみてごらんなさい。あの顔を……」

後にこう語るほど三木を嫌っていた岸にとって、少数派閥の領袖にすぎない三木が閣外に去ることは別に構わなかった。だが、池田の後ろには、なお隠然たる影響力を持っていた元首相の吉田茂がいる。文相として教職員の勤務評定問題などに取り組んでいた灘尾を失ったのも痛かった。

さらに深刻だったのは、党人派の実力者である大野が池田らと呼応し、反主流派を形成しようとしていたことだった。

窮地に陥った岸は59年1月3日、静岡・熱海の静養先で大野、河野とひそかに会い、大野に「次はあなたに譲る」と明言し政権への協力を求めた。これを受け、1月16日には東京・日比谷の帝国ホテルで岸、大野、河野に、佐藤や右翼大物の児玉誉士夫らを加えた会合を開き、政権禅譲の密約を書面で交わした。

これで岸はどうにか総裁の座を守ることができたが、政権の行く末には暗雲が広がっていた。

「社会党がソ連、中共の謀略に乗せられてその使嗾《しそう》のままに動く傾向が強まってきているとき、自民党の団結は、国家、民族の将来にとって最優先の命題である」

岸は当時の心境を回顧録にこうつづっていた。

人民帽をかぶった浅沼稲次郎

「台湾は中国の一部であり、沖縄は日本の一部であります。それにもかかわらず、それぞれの本土から分離されているのはアメリカ帝国主義のためだ。アメリカ帝国主義について、お互いは共同の敵とみなして戦わなければならない」

1959年3月12日、社会党書記長の浅沼稲次郎（後の委員長）は中国・北京でこう演説し、万雷の拍手を浴びた。

人民帽をかぶり意気揚々と帰国した浅沼は数日後、駐日米大使のマッカーサー2世に面会を申し入れ、東京・赤坂の米国大使館を訪ねた。

ほどなくマッカーサーが現れた。浅沼が立ち上がるとマッカーサーは機先を制するように問いただした。

「中国の共産主義者たちが言う『米国は日中共通の敵だ』という主張に、あなたは同意したのか?」

浅沼が釈明しようとするとマッカーサーは拳で机をたたき、怒声を上げげた。

「同意したのか? イエスか、ノーか!」

浅沼はすごすごと引き返すしかなかった。

中国もソ連と同様に第57代首相の岸信介が進める日米安全保障条約改定に神経をとがらせていた。毛沢東が進めた「大躍進」で餓死者が続出した混乱期にもかかわらず、60年5月9日には北京・天安門広場に約100万人を集め、「日米軍事同盟に反対する日本国民を支援する大集会」を開いている。

中国の対日工作が奏功したのか、59年3月の浅沼の訪中後、社会党は安保条約改定への批判を強めた。3月28日には総評(日本労働組合総評議会)や原水禁(原水爆禁止日本国民会議)などと安保改定阻止国民会議を結成。統一行動と称する組織的な反対デモを行うようになった。

ただ、運動は大して盛り上がらなかった。59年の通常国会は大きな混乱もなく、岸内閣は最低賃金法や国民年金法など雇用・社会保障制度の柱となる法律を粛々と成立

訪中を終え、人民帽をかぶって東京・羽田空港に降り立つ社会党書記長の浅沼稲次郎(手前)。この後、社会党の反米闘争は先鋭化する(1959年3月)

させている。

6月2日投開票の第5回参院選（改選127）も安保改定は大きな争点とならず、自民党が71議席を獲得した。社会党は38議席、共産党は1議席だった。

安保闘争はむしろ社会党内の亀裂を深めた。

社会党右派の西尾末広ら32人は、社共共闘を目指す左派を批判し、秋の臨時国会召集前日の59年10月25日に離党した。

秋の臨時国会は、南ベトナムだけを賠償請求権の対象とするベトナム賠償協定に社会党などが反発し「ベトナム国会」となった。11月27日未明の衆院採決を機に社会党議員の誘導で安保反対派の群衆約1万2千人が国会内に乱入、300人以上の負傷者を出す事件が起きた。これが安保闘争の前哨戦といえなくもないが、議会制民主主義を否定する手法に批判が集まり、反対運動は沈静化した。

岸は60年1月16日に全権委任団を率いて米国に出発し、19日に新安保条約に調印した。この前後のデモも散発的だった。西尾ら衆参57議員は24日に民主社会党（後の民社党）を結党、社会党や労組は分裂含みの余波が続き、動けなかったのだ。

転換点は、60年5月19日の衆院本会議だった。

米大統領のアイゼンハワー（アイク）の訪日予定日は6月19日。それまでに何としても新安保条約を承認する必要があった。社会党は審議拒否に入り、参院審議は望めず、もはや衆院で可決した条約案を憲法61条に基づき30日後に自然承認させるしかない。タイムリミットは5月20日だった。

19日午後10時半、本会議開会のベルが鳴ったが、社会党議員や秘書がピケを張り、議長の清瀬一郎は議長室に閉じ込められたまま。清瀬は院内放送で「名誉ある議員諸君、このままでは議長の行動も自由になりません」と呼びかけたが、埒《らち》が明かない。11時5分、清瀬はついに警官隊を動員した。警官隊とピケ部隊の乱闘の中、間隙《かんげき》を突いて清瀬は本会議場に突入し、11時49分に自民党だけで50日間の会期延長を可決した。

清瀬は岸らと協議の上で強行策に出た。いったん散会を表明し、20日午前0時5分に再び開会。そこで新条約承認案を緊急上程し、強行採決した。

「安保反対」の喧騒の中で爆睡していた岸

「アンポ反対」「国会解散」「アイク訪日阻止」「岸倒せ」——。

１９６０年5月19日を境に安保闘争は、岸への個人攻撃にすり替わり、国会周辺のデモは雪だるま式に膨れあがった。

それでも当時のデモは牧歌的だった。男はワイシャツ姿や学生服、女はスカート姿も多かった。もっとも過激とされた全学連でさえ基本的には非暴力戦術をとり、70年安保闘争のようにヘルメットにゲバ棒で武装する人はいなかった。

流行したのは、両手をつないで並んで進む「フランスデモ」。仕事帰りのデート代わりにデモに参加するカップルも多く、デモの合間を縫うようにアイスクリーム屋が「アンポ反対アイス」を売り歩いた。

岸もしばらくは余裕綽々《しゃくしゃく》だった。東京・渋谷の岸邸は連日デモ隊に囲まれたが、記者団に「声なき声に耳を傾ける。今日も後楽園球場は満員だったそうじゃないか」と語り、自宅では普段通りにくつろいだ。5歳だった孫の安倍晋三（第90、96、97代首相）が「アンポ反対！」とまねたときも目を細めた。

6月19日の自然承認。期限を切ったことは、安保闘争に「目標」を与える結果となり、6月に入るとデモはさらに肥大化した。

「至急来てくれないか」

岸から電話で呼び出された郵政相の植竹春彦は、闇夜に紛れて首相官邸に通じる裏口をくぐった。

「デモ隊がNHKを占拠して革命的放送を流したら大変なことになる。すぐに警視庁と話をしてＮＨＫの防備を固めてくれ」

岸にこう命じられた植竹はすぐに警視庁とＮＨＫに出向き、対応を協議した。深夜になり再び裏口から官邸に入ると、岸は首相執務室のソファで大いびきをかいていた。植竹が声をかけると、岸はむっくり起き上がり、「ＮＨＫの防備の手配は無事終わりました」との報告を聞くと「ご苦労さま」と笑顔でねぎらい、再び横になった。

外ではまだ「安保反対」「岸辞めろ」の大合唱。それでも爆睡できる岸の豪胆さに植竹は心底驚いた。

事態は悪化の一途をたどった。6月10日、アイクの新聞係秘書（現大統領報道官）のジェームズ・ハガチーが、アイク訪日の最終調整のため来日した。

午後3時35分、米軍機で羽田空港に到着したハガチーは、デモの実態を確かめるべく米海兵隊のヘリコプターではなく米大使館のキャデラックに乗り込んだ。

首都高が京橋－芝浦間で初開通するのは62年暮れ。羽田から都心に向かうには多摩川の土手沿いなど一般道しかなかった。ハガチー一行の車は弁天橋手前の地下道出口で全学連反主流派に囲まれ、立ち往生した。

初めは学生たちもおとなしく、ボディーガードの靴を踏んだ学生は「アイムソーリー」と頭を下げた。だが、一人が車上に登り「ハガチー出てこい」と叫ぶと窓ガラスや車体をたたく者が続出、現場の警察官だけでは排除できなくなった。

結局、ハガチー一行は米海兵隊のヘリコプターに救出された。アイク訪日に黄信号がともった。

6月15日夕。断続的に雨が降る中、約20万人が国会議事堂を幾重にも包囲した。全学連主流派の学生約7500人も集結した。

全学連主流派は、リーダーの唐牛健太郎ら幹部の多くが逮捕されていた。その焦りもあり、「国会突入」という過激な行動に出た。

午後5時半ごろ、学生たちは国会南通用門の門扉に張り巡らされた針金をペンチで切断。敷石をはがして投石を始め、バリケード代わりに止めた警察のトラックを動かそうとした。

国会敷地内には鉄製ヘルメットをかぶった警察部隊約3500人が待機しており、放水で応酬した。

午後7時すぎ。学生たちが雪崩を打つように敷地内に突入し、警察部隊と激しくぶつかった。

東大文学部4年の長崎暢子（現東大名誉教授）は、卒論用に借りた書籍を国会図書館に返却したその足でデモに参加した。

デモ隊に車を囲まれ、羽田空港北側の弁天橋付近で米海兵隊のヘリコプターで救出されたハガチーら（1960年6月10日）

長崎は最前列から十数列後ろでスクラムを組み国会敷地内に突入した。数列前に友人で当時22歳だった東大文学部4年の樺美智子《かんば》の姿が見えた。

デモ隊と警察部隊に挟まれる形で猛烈に押され「苦しい」と思ったが、身動きできない。頭上からは警棒が容赦なく振り下ろされた。腹も突かれた。「痛い」と悲鳴を上げたが、逃げようがない。「倒れたらダメだ。死んじゃうぞ！」。誰かにこう励まされたが、長崎の意識は次第に遠のいた。

「女子学生が死んだらしい」。午後7時半すぎ、こんな噂がデモ隊に流れた。午後8時すぎ、社会党議員が仲裁に入り、午後9時すぎ、国会敷地内で全学連の抗議集会が開かれた。ここで女子大生の死が報告され、黙祷《もくとう》をささげた。

集会後、学生の一部は暴徒化し、警察車両にも放火。翌16日未明、警察は催涙ガスを使用し、デモ隊を解散させた。この騒動で負傷した学生は約400人、逮捕者は約200人に上った。警察官も約300人が負傷した。

死亡した女子大生は樺だった。検視結果は「胸部圧迫と頭部内出血」だった。

長崎は入院先の病院で樺の死を知った。「まさかデモで死んじゃうとは……」とショックだった。

長崎と樺は大学1年からの友人だった。3年で長崎は東洋史、樺は国史を専攻したが、交流は続いた。樺は学者を目指して徳川慶喜に関する卒論に取り組んでいたという。

「こんな安保改定を行う岸信介はけしからん。われわれの卒論も哀れな末路をたどりそうだ。学問を邪魔するとはけしからん」

笑顔でこう語ったのが、樺との最後の会話だった。

自衛隊は出動できないか

社会党や全学連に扇動された群衆は連日のように国会と首相官邸を幾重にも囲み、革命前夜の様相を帯びた。安保条約の自然承認は1960年6月19日午前0時。それまでに国会や首相官邸に群衆が雪崩込み、赤旗を掲げるのだけは防がねばならない。

当時の警察官数は警視庁で約2万5千人（現在約4万3千人）、全国で約12万7千人（現在約25万8千人）しかおらず、装備も貧弱だった。警視総監の小倉謙は「国会内への進入を防ぐ『内張り』だけで手いっぱいです」と音を上げた。

通産相の池田勇人と蔵相の佐藤栄作はしきりに自衛隊出動を唱えた。自民党幹事長の川島正次郎も防衛庁長官の赤城宗徳を訪ね、「何とか自衛隊を使うことはできないか」と直談判した。困った赤城は長官室に防衛庁幹部を集め、治安出動の可否を問うと、旧内務省出身の事務次官、今井久が厳しい口調でこう言った。

「将来は立派な日本の軍隊にしようと、やっとここまで自衛隊を育ててきたんです。もしここで出動させれば、すべておしまいですよ。絶対にダメです!」

赤城は「そうだよな。まあ、おれが断ればいいよ」とうなずいた。

それでも自衛隊の最高指揮官である首相が防衛庁長官を罷免して出動を命じたら断れない。防衛庁は万一に備え、第1師団司令部がある東京・練馬駐屯地にひそかに治安出動部隊を集結させた。

樺の死は6月15日夕、こうした中で起きた。

岸は悄然《しょうぜん》とした。反対派は殺気立つに違いない。そんな中、アイゼンハワー(アイク)訪日を決行すれば、空港で出迎える昭和天皇に危害が及ぶ恐れさえある。

岸はアイク招聘《しょうへい》を断念、退陣の意を固めた。だが、公にはせず、腹心で農相の福田赳夫をひそかに呼び出した。

「福田君、すまんが内閣総辞職声明の原案を書いてくれ……」

「こんなに頑張ってこられたのに総辞職ですか?」

福田は翻意を促したが、岸の決意は固かった。

翌16日未明、岸は東京・渋谷の私邸に赤城を呼んだ。

岸「赤城君、自衛隊を出動させることはできないのかね」

赤城「出せません。自衛隊を出動させれば、何が起きてもおかしくない。同胞同士で殺し合いになる可能性もあります。それが革命の導火線に利用されかねません」

岸「武器を持たせず出動させるわけにはいかないのか？」

赤城「武器なしの自衛隊では治安維持の点で警察より数段劣ります」

岸は黙ってうなずいた。

同日午後、岸は臨時閣議でアイクの来日延期を決定した。これでデモが収束するかと思いきや、ますます気勢を上げた。

翌17日、警視総監の小倉が官邸を訪れ、「連日のデモ規制で警察官は疲れ切っており、官邸の安全確保に自信が持てません。他の場所にお移りください」と求めたが、岸はこう答えた。

「ここが危ないというならどこが安全だというのか。官邸は首相の本丸だ。本丸で討ち死にするなら男子の本懐じゃないか」

新安保条約自然承認を数時間後に控えた18日夜、岸は首相執務室で実弟の佐藤と向き合っていた。

「兄さん、一杯やりましょうや」。佐藤は戸棚からブランデーを取り出し、グラスに

日米安保条約改定案の国会での自然承認を控え、米軍住宅「パレスハイツ」跡地で行われた社会党などが主導する安保改定阻止国民会議。右上は国会議事堂と東京タワー(1960年6月18日)。右下はすっかりと風景の変わった国会議事堂周辺。デモ隊に埋め尽くされた米軍住宅跡地は国立劇場、最高裁判所へと姿を変えた(2015年6月10日)

注いだ。

「兄さん、ここで2人で死のうじゃありませんか」

佐藤がうっすらと涙を浮かべると岸はほほ笑んだ。

「そうなれば2人で死んでもいいよ……」

深夜になると、福田や官房長官の椎名悦三郎らが続々と官邸に集まってきた。

ボーン、ボーン……。19日午前0時、官邸の時計が鳴った。福田や秘書官らは安堵《あんど》の表情で「おめでとうございます」と声をかけたが、岸は硬い面持ちでうなずいただけだった。

再び、不思議の国へ

自然承認といってもこれで条約が成立するわけではない。両政府が批准書を交換しなければならない。

このため、「反対派が批准書強奪を企てている」という情報もあった。自民党副総裁の大野伴睦や総務会長の石井光次郎らは批准書交換を円滑に進めるため、岸に内閣声明で退陣を表明するよう求めた。

福田は1960年6月18日夜、東京・紀尾井町の赤坂プリンスホテルに出向き、大野らに「実は10日前にハワイで批准書交換を済ませている」と説明して納得させた。これは岸が思いついたうそだった。日本政府の批准書は、外相の藤山愛一郎が18日に東京・青山の親族宅で署名し、菓子折りに入れて運び出していた。批准書交換は23日に東京・芝白金の外相公邸で行われることになった。ここもデモ隊に包囲されるかもしれない。

「外相公邸の裏に接するお宅二軒にお願いして、いざという場合には公邸の塀を乗り越えて、その家を通り抜け、向こう側へ抜け出せるようにした」

藤山は、回顧録で批准書交換の「極秘作戦」を明かし、「幸い正門から出ることができた」と記した。

真実はどうだったのか。

産経新聞政治部記者の岩瀬繁は外相公邸の正門付近で批准書交換が終わるのを待っていた。

だが、待てど暮らせど藤山は出てこない。暇つぶしに敷地内をぶらぶらしていると、藤山が外相公邸の裏の垣根を乗り越えようとして警護官に持ち上げられているのが見えた。藤山の回顧録はうそだった。「絹のハンカチ」と呼ばれた財閥の御曹司にとって、泥棒のように塀を乗り越えたことは誰にも知られたくない恥辱だったのだろう。

岸はこの日、臨時閣議を開き、こう表明した。

「人心一新、政局転換のため、首相を辞める決意をしました……」

辞任表明したとはいえ、岸は後継問題で頭を抱えた。ソ連の「日本中立化」工作はなお続いており、自民党が政局でぐらつけば、苦労して築いた日米同盟まで危ぶまれる。この難局を乗り切れるのは誰か――。

福田は社会党と決別した民主社会党(後の民社党)と連立を組み、初代委員長の西尾末広を後継指名する奇策を編み出した。これならば自民党の内紛を押さえ込むだけでなく社会党も追い込める。岸も乗り気となったが、肝心の西尾が煮え切らず水泡に帰した。

では自民党で誰を後継指名するのか。岸は神奈川・箱根温泉の「湯の花ホテル」を訪ねた。ホテルを所有するのは、西武グループ創業者で元衆院議長の堤康次郎。岸に遅れて到着したのは、第45、48~51代首相を務めた吉田茂だった。

岸は首相在任中、堤の仲介で月に1度の割合で吉田との密会を続けてきた。通算2616日もの長期政権を敷いた吉田は、有能な官僚を次々に政界に入れ「吉田学校」と呼ばれる一大勢力を築いていたからだ。

岸と吉田が後継候補で一致すれば、自民党内の帰趨《きすう》は決する。堤は、吉田学校のエースである佐藤を推したが、吉田は渋い表情を崩さなかった。

「姓は違っていても岸さんと佐藤君が兄弟であることは、国民もよく知っているよ……」

日米安全保障条約改定による変更点

	旧安保条約	新安保条約
発効	昭和27年4月（吉田茂内閣）	昭和35年6月（岸信介内閣）
米軍駐留	日本政府が米軍駐留を希望。米軍を日本国内およびその付近に配備する権利を日本が許与（1条など）	両国が相互協力および安全保障条約を締結することを決意。米軍は日本の施設、区域の使用が許される（6条など）
対日防衛義務	米国による防衛義務が不明確	両国が相互協力、安全保障条約を締結することを決意。対日防衛義務を明確化（5条）
内乱条項	日本の内乱に米軍が出動できると規定（1条）	→ 削除
条約の期限	期限明示されず	10年間の有効期間の経過後、日米いずれかの意思で1年間の予告で廃棄できる（10条）
事前協議制度	制度なし	米軍の行動に関する両国政府の事前協議の枠組みを設ける（4条）

岸は、吉田が誰を推しているのかピンときたが、あえて「それではどなたがよいでしょうか」と問うた。

「まあ、ここは池田君にした方がよいだろ」

岸もうなずいた。第58代首相に池田勇人が決まった瞬間だった。

55年の保守合同後、自民党には「8個師団」といわれる派閥が存在したが、それよりも深刻なのは「官僚派」と「党人派」の対立だった。

岸や吉田は官僚派であり、党人派の代表格が副総裁の大野や、農相などを歴任した河野一郎だった。

岸が政権運営でもっとも苦労したのが党人派との駆け引きだった。59年1月には、党人派の協力を得るため大野と政権禅譲の密約を交わした。岸は、その後の河野の入閣拒否などにより「政権運営に協力する」という前提条件が崩れたので密約は無効だと考えていたが、後継に官僚派の池田を選んだことへの党人派の恨みは深かった。

60年7月14日、自民党は日比谷公会堂で党大会を開き、池田を新総裁に選出した。午後には官邸中庭で祝賀レセプションが催された。

岸が笑顔で来客をもてなしていたところ、初老の男がやにわに登山ナイフで岸の左太ももを突き刺した。岸は白目をむいて病院に運ばれたが、幸い全治2週間で済んだ。

逮捕されたのは東京・池袋で薬店を営む65歳の男だった。警視庁の調べに「岸に反省をうながす意味でやった」と供述し、背後関係を否定したが、永田町では「大野の意をくんだ意趣返しだ」とまことしやかにささやかれた。

岸の退陣後、安保闘争は下火となり、ソ連や中国が狙った民主統一戦線による政権奪取は果たせなかった。

とはいえ、自民党にも後遺症が続いた。安全保障は議論さえもタブー視されるよう

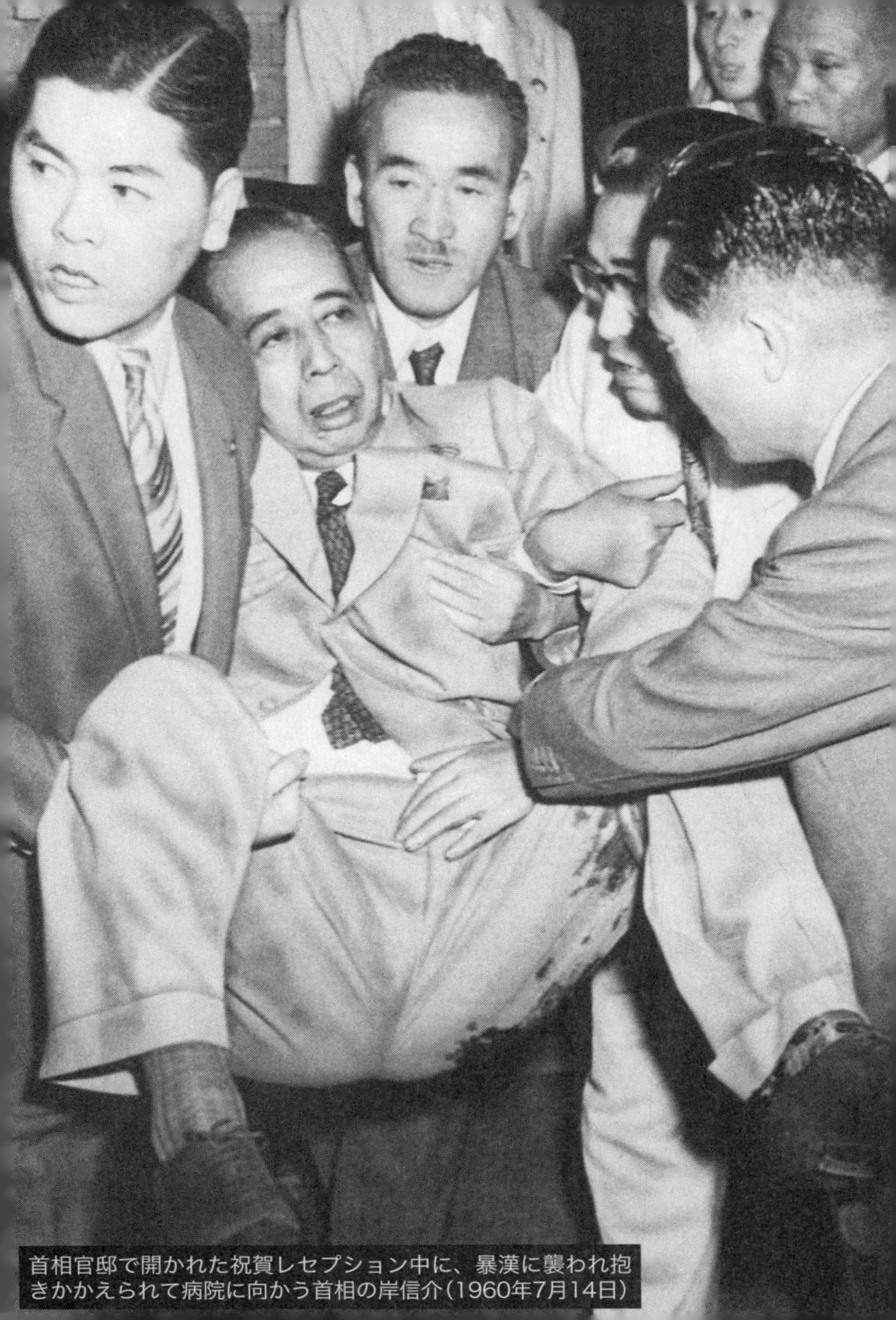

首相官邸で開かれた祝賀レセプション中に、暴漢に襲われ抱きかかえられて病院に向かう首相の岸信介(1960年7月14日)

になり、結党時に「党の使命」とした憲法改正はたなざらしにされた。

「安保改定が国民にきちんと理解されるには50年はかかるだろう……」

岸は長男の岸信和にこう漏らした。安保改定から半世紀余りが過ぎた。確かに安保条約反対派はごく少数となったが、岸の孫である第90、96、97代首相の安倍晋三が整備を進める安全保障法制などへの野党や一部メディアの対応を見ると、まったく進歩は見られない。日本は「不思議の国のアリスの夢の世界」をいつまで彷徨《さまよ》い続けるのか。

第三章　沖縄の心をねじまげる人々

慰霊の日に飛び交う怒号

日米で20万人超の犠牲者を出した沖縄戦終結から70年を迎えた2015（平成27）年6月23日、糸満市摩文仁の平和祈念公園はカラリと晴れ渡った。公園内の仮設テントで営まれた沖縄全戦没者追悼式に出席した首相の安倍晋三は神妙な面持ちで哀悼の意を表した。

「先の大戦でここ沖縄の地は国内最大の地上戦の場となりました。平穏な暮らしは修羅の巷《ちまた》と変じ、豊かな海と緑は破壊され、20万人もの尊い命が失われました。全国民とともに、この地に倒れた人々の流した血や涙に思いを致し、胸に迫り来る悲痛の念とともに静かに頭《こうべ》を垂れたい」

時折、「さっさと帰れ」「嘘を言うな」と罵声が飛んだが、あいさつを終えると大きな拍手がわいた。

沖縄全戦没者追悼式が営まれた平和祈念公園で、安保法制に抗議する人々（2015年6月23日）

これに先立ち、登壇した沖縄県知事の翁長雄志は弔意もそこそこにこう語った。

「そもそも普天間飛行場の固定化は許されず『嫌なら代替案を出しなさい』との考えは到底県民に許容できるものではありません。普天間移設の中止を決断し、沖縄の基地負担を軽減する政策を再度見直されることを強く求めます」

式次第には「平和宣言」とあるが、完全なる政治演説だった。会場の片隅から「そうだ」と合いの手が飛び、拍手がわいた。

追悼式に参列した那覇市の初老の男性は「今日は沖縄で犠牲になった方々を慰霊する日。翁長さんの言いたい気持ちも分かるけど式典で政府批判はいかがなものか。慰霊の日なんだから」とため息をついた。

だが、会場外はもっとひどかった。

「安倍首相来沖反対」「オスプレイ撤去」「不戦誓うこの地を再び軍靴で汚すな！」――。このような慰霊とはほど遠い文言が並ぶプラカードを手にした人たちが午前9時ごろから、公園の入り口付近に続々と集結し始めた。午前10時すぎには約50人となり、シュプレヒコールが始まった。

「安倍は帰れ。慰霊祭に参加するな！」

「辺野古の新基地建設許さないぞ！」

「戦争法案やめろ！」

午前11時10分ごろ、首相を乗せた車列が反対派の目前を通過し、公園に入った。

「帰れ！」「おまえの来るところじゃない」と怒号が飛んだ。

参列者の通行妨害とならぬよう警察官が歩道に設置した柵の内側への移動を促すと一団は叫んだ。

「沖縄の表現の自由を守れ！」「慰霊の日に暴力ふるってよいのか？」

シュプレヒコールをあげた30歳代の男性は東京都出身。「県民の心を踏みにじる安倍政権は許せない」と語った。地元の若者は「あんたらウチナンチュ（沖縄人）じゃないだろ？　政治的なものを持ち込むな」と食ってかかった。

式典会場まで約8・3キロを歩き、犠牲者を追悼する「平和祈願慰霊大行進」（県遺族連合会など主催）に参加した男性はこう嘆いた。

「毎年参加する度に涙が出る思いになる。今日はそういう日なんです。『安倍は来るな』などと叫んで慰霊を邪魔しないでほしい」

未収集のガマの遺骨

液体が残る薬瓶、ボタン、茶碗《ちゃわん》――。那覇市の自宅を「戦争資料館」にした国吉勇の事務所には、このような品々20万点超が所狭しと並ぶ。いずれもガマと呼ばれる洞窟で遺骨収集した際に見つかった遺留品だ。持ち主が分かれば糸満市の戦没者遺骨収集情報センターを通じて遺族に返すが、分からないものはここで保管している。国吉は黒い塊を手に取った。

「これは火炎放射器で焼かれ炭化した米さ……」

国吉は50年以上にわたり、数百カ所のガマや壕《ごう》で3500柱を超える遺骨を収集してきた。15年前、自分の会社を息子たちに譲ってからは毎日午前8時から午後2時までツルハシを手に壕内に入る。家族は「危険だからやめて」と反対するが、「ほったらかしはかわいそうだ」と聞く耳を持たない。

7男3女の六男。1945年3月、米軍上陸を前に沖縄本島北部に家族で疎開したときはまだ幼稚園児だった。高齢で足が不自由だった祖母は、自宅近くのガマに高齢の親戚とともに避難させた。半年分の食料を置いていったが、1年後に訪れると死んでいた。祖母の着物の懐には鰹節《かつお》のかけら。しゃぶって飢えをしのいだのだろうか。「バアちゃんはかわいそうなことをした。でも自分たちが逃げるので精いっぱいだったからね」

疎開した国吉たちも食糧難にあえぎ、米軍の捕虜収容所収監中に母と弟、姪《めい》が亡くなった。44年には16歳だった兄も鹿児島に向かう途中で船が撃沈され、死亡した。50年ごろ、小学生だった国吉は友達とガマで「探検ごっこ」をしているとき、何かにつまずいて転んだ。女性用の着物や軍服を着たままミイラ化した遺体だった。当時はどのガマもそんなふうだった。

高校生の時、友人と「遺骨をガマから出してあげよう」と遺骨収集を始めた。以来、沖縄を離れた数年間を除き、暇さえあれば遺骨収集を続けてきた。

「明るい所に出してあげるからね」。暗いガマの中で遺骨を見つけると国吉は決まってこう話しかける。幼い子供の遺骨も少なくない。傍らに旧式の武器や槍《やり》が見つかることも多い。

国吉の活動を快く思わない人もいる。「日本軍は住民を壕から追い出してひどいことをした。何で兵隊の遺骨なんか収集するんだ！」。こう言って胸ぐらをつかまれたこともある。

だが、国吉は動じない。

「軍人も住民も関係ないさ。暗い所にほったらかしではかわいそう。一人でも多く太陽の下に戻してあげないと……」

沖縄県によると、今も３千柱余りが未収集だという。国や県も遺骨収集しているが、国吉のようなボランティアがその大部分を担っている。

沖縄は捨て石だったのか

１９４５年３月26日から６月23日まで沖縄で続いた地上戦は凄惨《せいさん》を極めた。76年３月に沖縄県援護課が発表したデータによると、日本側の死者数は18万８１３６人。うち沖縄県出身者は12万２２２８人、一般人は９万４千人だった。

日本列島の南端に位置する沖縄がなぜこれほどの戦場と化したのか。

44年７月７日、日本が本土防衛上の最重要拠点と位置づけたサイパン島が陥落した。これにより「超空の要塞」と呼ばれた米軍Ｂ29爆撃機が無給油で日本のほぼ全土を爆撃可能となった。11月24日にはサイパンを飛び立ったＢ29爆撃機が東京を初空襲した。

だが、米軍にはまだ不安があった。小笠原諸島南端の硫黄島と沖縄本島。日本軍が残存する海空兵力を結集して徹底抗戦すれば、甚大な被害を覚悟せねばならないからだ。

日本軍も2島を死守すべく動いた。大本営は直轄部隊として、硫黄島に陸軍中将、栗林忠道指揮下の小笠原兵団約2万1千人を、沖縄には陸軍中将、牛島満の下に第32軍約8万6千人を配備した。

一方、米軍は44年10月25日、対沖縄攻略「アイスバーグ（氷山）作戦」を正式決定。直前の10月10日に沖縄本島に艦載機による大規模空襲を行い、那覇市街地の9割を焼失させた。

硫黄島で栗林率いる守備隊が玉砕した直後の45年3月26日、米陸軍中将のバックナー率いる第10軍は慶良間諸島に上陸。4月1日早朝から沖縄本島侵攻を敢行し、その日のうちに北（読谷村《よみたんそん》）、中（嘉手納町）の両飛行場を占領した。

これほどあっさり上陸できたのは、牛島が水際決戦を避け、首里（那覇市）に陣を固め、持久戦に持ち込んだからだ。

すでに制空権、制海権を奪っていた米軍はごく短期間での占領を想定していたが、日本軍はしぶとく戦った。それでもジリジリと南端の摩文仁《まぶに》に追い詰められ、牛島は

6月23日に自決、組織的戦闘は終結した。

沖縄戦で米軍が投じた艦艇は約1500隻、兵力は延べ54万8千人、艦砲射撃などで使用した砲弾は約270万発に上った。「鉄の暴風」といわれるすさまじい攻撃を仕掛けながら沖縄攻略に3カ月を要し、司令官のバックナーを含む1万2千人超が戦死した。

米陸軍省の報告書では「沖縄で払った代償は高価なものだった。米軍の死傷者の最終的な対価は、日本軍に対するどの方面作戦で経験したものより高かった」と総括している。

残念ながら戦後日本での沖縄戦の評価は総じて厳しい。大本営が45年1月の帝国陸海軍作戦計画大綱で「沖縄作戦は本土戦備のために時間を稼ぐ持久戦である」と位置づけたこともあり、「沖縄は捨て石にされた」という批判もある。

だが、本当に沖縄が捨て石だったならば、大兵力を投じて守ろうとはしない。第32軍以外にも、沖縄防衛のため多くの特攻隊員が散り、戦艦大和も海上特攻を決行、鹿児島沖で撃沈された。沖縄を見捨てず、守ろうとしたがために被害が拡大したとみるべきだろう。

海軍陸戦隊を率いて戦った少将の大田実は6月13日の玉砕直前に海軍次官に送った

電報で、沖縄県民の協力と支援をたたえ、その窮状を訴えた上でこう結んだ。
「沖縄県民斯ク戦ヘリ　県民ニ対シ後世特別ノ御高配ヲ賜ランコトヲ」

直ちに学徒隊を解散する

梅雨の蒸し暑さに加え、死臭や汚物臭が漂う暗い壕《ごう》内で無数の人がうごめいていた。「水、水を」「おしっこ、おしっこ……」。戦闘で負傷し、手足を切断した負傷兵たちはうめき声を上げながら、18歳だった島袋とみのモンペの裾《すそ》をつかんだ。「とにかく今を必死で生きなければ」。島袋は自分にそう言い聞かせながら介護を続けた。

沖縄師範学校女子部本科に通っていた島袋が「ひめゆり学徒隊」として那覇市東南5キロにある南風原陸軍病院第一外科7号壕に配属されたのは、卒業を目前に控えた1945年3月23日夜。米軍が慶良間《けらま》諸島などを空襲し、沖縄侵攻を始めた日だった。

病院といっても丘陵地に横穴を掘った壕や、ガマと呼ばれる自然の洞窟に寝床を作っただけ。軍医や看護婦、衛生兵は約350人。ここに島袋ら15〜19歳の女学生222人が教師18人に引率されて看護補助要員として動員された。

「兵隊さんの声を子守歌だと思いなさい」。看護婦にこう言われながら、島袋らは負傷兵の食事や下の世話に追われた。

壕に運び込まれる負傷兵は日ごとに増えた。傷口には蛆《うじ》がわき、包帯の上から動いているのが分かった。包帯を交換する度にピンセットで取り去ったが、数日するとまた新たな蛆が傷口に食い込んでいた。

遺体運びも女学生の仕事だった。日が暮れると４人１組で担架に遺体を載せ、壕外の埋葬地に運んだ。だが、死者は日に日に増え、まもなく埋葬する穴もなくなった。

「独歩患者を集合させよ」。５月25日、第32軍司令部は南風原陸軍病院に撤退命令を下した。

壕内は騒然となった。「重傷患者は後でトラックで運ぶ」という説明を聞き、島袋らは敵弾が飛び交う中、雨の中を匍匐《ほふく》しながら10キロ南の「伊原壕」というガマに逃げ落ちた。

同級生の一人は深傷を負っていた。「とみちゃん、水を飲ませてちょうだい」。島袋はガマの岩間から垂れ落ちる水滴をガーゼに含ませ、口に運んだ。

６月18日夜、軍医の命令を受けた教師が命じた。

「事態はいよいよ緊迫している。直ちに学徒隊を解散する。これからは各自の責任で行動してほしい」――

そう言われても外は砲弾飛び交う最前線。島袋らがどうしてよいか分からず、うろたえていると、軍医は軍刀を振りかざした。

「敵はすぐ近くまで来てる。歩ける者は出てゆけ。出ないものはたたき切る」

やむなく壕を飛び出した。「みんな行かないで。私も連れてって……」。同級生の悲痛な声がずっと耳の奥に残った。

島袋らが逃げ落ちた島南端の絶壁沿いに広がる密林には、日本兵と住民が息を潜めてひしめいていた。

米軍は火炎放射器で周囲を焼き尽くしながら間近に迫ってきた。島袋も自死を決意した。だが、偶然再会した教師が紙片を差し出した。「死ヌノガ能ジャナイ」。これを見た島袋は生きる道を選び、ほどなく米軍に保護された。ひめゆり学徒隊で生き残ったのは教師を含め104人だった。

沖縄戦がなければ国は残っていたか

東京大空襲や広島・長崎の原爆投下など米軍による一方的な殺戮《さつりく》はともかく、先の大戦中の日本軍による戦闘で、沖縄戦ほど多数の民間人が巻き込まれた例はない。なぜこれほど被害が拡大したのか。

一つは本土や台湾への疎開が思ったように進まなかったことがある。

1944年7月7日、東条英機内閣はサイパン陥落を受け、米軍の侵攻に備え、沖縄本島など南西諸島の老幼婦女子、学童の集団疎開を閣議決定した。

だが、沖縄周辺の制海権は失われつつあった。8月22日には那覇国民学校の児童らを乗せ、那覇から長崎に向け出航した輸送船「対馬丸」が、米潜水艦の魚雷で沈められ、1400人以上が犠牲になった。

疎開はその後も続けられ、九州や台湾に約8万人が疎開したが、多くの県民は疎開を嫌がった。「本土より沖縄にいた方がまだ安全だ」と思ったからだ。

45年1月、沖縄県知事に就任した内務官僚の島田叡《あきら》は、沖縄県警察部長の荒井退造とともに「疎開緊急計画」をまとめ、戦闘地域とならない沖縄本島北部への疎開を推し進めた。だが、密林が広がる北部は食糧が乏しく、南部にとどまる人も少なくなかった。

第32軍司令官の陸軍中将、牛島満が司令部のあった首里での決戦を避け、南部の喜《き》屋《や》武《ん》半島・摩《ま》文《ぶ》仁《に》に後退し、持久戦を続ける決断を下したことも民間の犠牲者を拡大させた。

制空権、制海権はすでに奪われ、援軍はない。最後は玉砕しかないならば、ゲリラ戦に持ち込み、米軍に少しでも多くの損害を与えた方がよい。牛島はそう判断したのだが、南部の密林やガマに避難してきた多数の民間人を戦闘に巻き込む結果を招いてしまった。

学徒動員により、軍とともに行動した未成年者はさらに悲運だった。女学生を集めたひめゆり学徒隊だけでなく、沖縄師範学校や旧制中学の14～17歳の男子学生1400人以上が「鉄血勤皇隊」として防衛召集され、通信や伝令だけでなく戦闘にも参加、その半数が犠牲になった。

第32軍高級参謀として持久戦の作戦計画を立てた陸軍大佐の八原博通は米軍の捕虜となり、戦後も生き残ったが、多数の民間人を巻き込んだことを終生悔やんだ。行商をしながら細々と生計を立て「沖縄の人たちにすまない。合わせる顔がない」と二度と沖縄の地を踏むことはなかった。

当時10代後半で、国民学校の代用教員を務めていた仲本潤宏《じゅんこう》は45年3月、陸軍に繰り上げ入隊し、二等兵として対戦車速射砲部隊に配属された。「故郷・沖縄を守らねば」。迷いはなかった。

5月初旬、陣地の壕の入り口で歩哨に立っていると10歳くらいの男児が弟と泣きながら通りかかった。兄は肩をけがしていた。仲本は壕内に呼び入れ、三角巾で傷口を縛った。

すると軍曹が「陣地を暴露するとは何事か。軍紀違反だ」と軍刀を手に詰め寄った。仲本が観念すると若い小隊長（少尉）が現れ、軍曹を諭した。

「この戦争がお前の郷里であったとしたらどうする。われわれは国民、国を守るための兵隊なんだ」

だが、日米の物量の差は圧倒的だった。5月12～18日の「シュガーローフの戦い」では、速射砲2門で米軍戦車20両と戦わねばならなかった。

仲本は右足首を負傷し、伝統的な沖縄の墓の中に逃げ込んだ。一昼夜過ごし、石のすき間から外をのぞくと自動小銃を持った米兵の姿が見えた。「ここで死ぬのか」と覚悟を決めたが、その夜、愛媛県出身の先輩の上等兵が、米軍の艦砲射撃をかいくぐって救出に来てくれた。

仲本は南風原陸軍病院に入院したが、5月下旬に撤退命令が出ると、軍医や衛生兵は動けない負傷兵に青酸カリを配り、どこかへ消えてしまった。

青酸カリを飲み、死んでいった兵もいたが、仲本は生きる道を選んだ。泥水の中をはいずって逃げ回り、6月23日に米軍の捕虜になった。

仲本は10月ごろ、米軍に解放され、南風原陸軍病院で顔見知りとなった島袋とみと再会した。島袋は教員をしており、「まさか生きていたとは」と喜んでくれた。２人は47年に結婚した。

結婚68年。2人は子供4人と孫・ひ孫16人に恵まれ、穏やかな生活を送る。だが、死んでいった戦友や同級生らを忘れたことはなく、仲本は県外から慰霊や遺骨収集に来た人々の案内役を今も続ける。

戦後は「軍隊はすべて悪い」という風潮が広がったが、仲本はこう語る。

「確かに戦争で散々な目にあったけど戦中も戦後も多くの人に助けられたからね。若い者は国を守らなければならなかった。誰だって楽で幸せな人生を望むさ。でも靖国神社に祀《まつ》られている人は、誰かが国を守らなければならないときの、その誰かだった。あの時そうしていなかったら国は残っていたかね？」

横でとみがうなずいた。

「当時はみんな『お国のために』と信じていた。だからこそ、ひめゆり学徒隊で亡くなった友達の姿や気持ちを忘れてはならないと思います」

沖縄教職員が進めた祖国復帰運動

日本の復興を世界に示した1964年の東京五輪。ギリシャ・アテネを出発した聖火は開幕1カ月前の9月7日正午、日本航空の特別機で米国統治下の沖縄・那覇飛行

「ひめゆりの塔」前に到着した東京五輪の聖火。ひめゆり学徒隊の遺族らも日の丸の小旗を振って盛大に出迎えた（1964年9月8日）

場に到着した。

雲一つない青空の下、島民2万人が詰めかけ、日の丸の小旗を振った。祝日以外は公の場での日の丸掲揚は禁止されていたが、この日ばかりは黙認された。

米空軍軍楽隊がファンファーレを奏でる中、第1走者で琉球大4年だった宮城勇は壇上で聖火のともったトーチを高らかに掲げた。純白のユニホームには日の丸と五輪。拍手が続いた後、予期せぬことが起きた。

「万歳！万歳！万歳！」

万歳の大合唱は地鳴りのように響いた。群衆と報道陣をかき分けるように飛行場を飛び出すと、沿道にも延々と日の丸の人垣が続いていた。宮城の胸に熱いものがこみ上げた。

「僕は日本人なんだ……」

聖火は5日間かけて沖縄本島1周（247キロ）を駆け抜けた。行く先々で日の丸が振られた。宮城は当時をこう振り返る。

「後にも先にも、あれだけの熱気、あれだけの日の丸を目にしたことはありません。飛行場や沿道の人々は『日本』を強く意識し、本土への思いをますます募らせたのでしょう。もちろん私も同じ思いでした。終戦から19年を経た沖縄の人にとって、聖火は将来を照らす道標だったのです」

52年4月、サンフランシスコ講和条約が発効し、日本は主権を回復したが、沖縄は米国統治下に置かれたままだった。「アメリカ世《ゆー》」と呼ばれる時代。船で鹿児島県に渡るにもパスポートと検疫が必要だった。

58年夏、首里高校が戦後初の沖縄代表として甲子園に出場した。初戦で敗退した球児たちは甲子園球場の土を持ち帰ったが、検疫により那覇港ですべて海に捨てられた。米兵による凶悪事件・事故も相次いだ。

55年9月、沖縄本島の石川市（現うるま市）で6歳の女児が米兵に乱暴された上、殺害される事件が起きた。米兵は軍事法廷で死刑判決を受けたが、米国へ身柄を送致後、懲役45年に減刑された。

59年6月には、米空軍の戦闘機が操縦不能となり、小学校の校舎に激突、炎上した。パイロットは先に脱出して無事だったが、小学生11人を含む17人が死亡した。

反米感情の高まりは人々を祖国復帰に駆り立てた。沖縄教職員会や革新系政党は60年に「沖縄県祖国復帰協議会」（復帰協）を結成した。ここがその後の祖国復帰で中心的な役割を果たしていく。

新米の英語・音楽教諭だった崎山用豊も「今の沖縄はあまりに理不尽でみじめだ。奄美のように祖国に復帰したい」と運動に参加した。

ブラスバンド隊としてトラックで集落を回り、音楽で祖国復帰を呼びかけた。指揮者の男性教師は日の丸の小旗2本を指揮棒代わりに振り、教職員会の愛唱歌「前進歌」を歌った。

友よ仰げ
日の丸の旗
地軸ゆるがせ
われらの前進歌

「沖縄を返せ」も人気レパートリーだった。

　固き土を破りて
　民族の怒りに
　もゆる島
　沖縄よ
（中略）
　沖縄を返せ
　沖縄を返せ

　学校では教職員が率先して日の丸を掲揚し、君が代を斉唱した。日の丸を持たない子供の家庭には教職員会が廉価で販売した。崎山はこう振り返る。
「日の丸と君が代は、祖国復帰を願うわれわれの心の支えだったんです」

4人だけが知っていた密約

日本政府にとっても沖縄返還は悲願だった。これを対米交渉のテーブルに最初に乗せたのは第56、57代首相の岸信介だった。

岸は首相就任間もない1957年4月13日、駐日米大使のマッカーサー2世と秘密裏に会談し、2通の書簡を手渡した。1通は日米安全保障条約の改定を求める文書。もう1通が沖縄諸島と小笠原諸島の返還を求める文書だった。

米国務省の外交文書によると、岸はこの会談で（1）米国は10年後に沖縄諸島と小笠原諸島を放棄する（2）返還までの間、日本政府機関が沖縄諸島と小笠原諸島の住民に対し、漸進的に行政機能を及ぼす――の2つを提案したという。

「沖縄住民の人々が祖国日本と運命をともにする。そういう強い決意を表明されていることも頭に入れて考えなければなりません」

岸は68年10月23日の衆院内閣委員会で、日米安全保障条約改定で日本の防衛義務範囲に沖縄を含める方針をも表明した。

米大統領のアイゼンハワーは安保条約改定には応じたが、沖縄返還は先送りした。在沖縄米軍基地の整理・統合には時間を要すると判断したからだった。

岸に代わって第58～60代首相となった池田勇人は所得倍増計画を推し進めたが、安全保障への関心は薄く、沖縄返還で動くこともなかった。政府が返還に再び動き出すのは64年11月9日、岸の実弟である佐藤栄作が首相に就任してからだった。

佐藤の行動は素早かった。65年1月の初訪米で第36代大統領のリンドン・ジョンソンと会談した際、「沖縄返還は国民の願望である」と早期返還を求めた。

8月には戦後の首相として初めて沖縄を訪れ、那覇空港でこう語った。

「私たち国民は沖縄90万の皆さんを片時たりとも忘れたことはありません。私は沖縄の祖国復帰が実現しない限り、わが国の戦後が終わっていないことをよく承知しております」

67年8月には首相の諮問機関「沖縄問題等懇談会」が「両3年（2～3年）内に施政権の返還時期を決定することで合意を得る」とする中間報告をまとめた。これを受け、佐藤は11月にジョンソンと再び会談。共同声明に「両国政府の両3年内の返還時期についての合意」が盛り込まれた。

佐藤は、外務省を通じた正規ルートではなく独自に裏交渉を進めた。大統領特別補佐官のウォルト・ロストウと親交のある国際政治学者、若泉敬を密使として米国に送り込み、ホワイトハウスと直接交渉したのだ。このような秘密主義は実兄の岸とよく似ている。

沖縄は27年ぶりに祖国に帰った。日本武道館で行われた記念式典で天皇、皇后両陛下も新生沖縄県のスタートを祝った（1972年5月15日）

69年1月、米大統領は民主党のジョンソンから共和党のリチャード・ニクソン（第37代）に代わった。政権交代により返還交渉が頓挫する危険性もあったが、ここで岸が再び登場した。

アイゼンハワーをはじめ共和党に太いパイプを持つ岸は米国に飛び、4月1日にニクソンと会談した。ここで岸は安保改定での苦い経験を交えながら「沖縄返還が長引けば、日米同盟の離反を狙う共産主義国による工作が活発化する」と返還交渉の継続を迫った。

これが奏功し、69年11月21日、佐藤はニクソンとの会談で「核抜き・本土並み」の沖縄返還を正式合意した。11月26日、自民党幹事長の田中角栄（第64、65代首相）らが佐藤を羽田空港で出迎えた。

「沖縄の祖国復帰が72年中に核抜き・本土並みという国民の総意に沿った形で実現することになったことをご報告申し上げます」

佐藤がこう語ると一同は万歳した。

帰国直後、佐藤はひそかに若泉と面会した。

「小部屋の紙の扱いだけは注意してください」

若泉がこう切り出すと、佐藤は「ちゃんと処理したよ」と答えた。

佐藤に先立つ11月6日に訪米した若泉は、大統領補佐官のヘンリー・キッシンジャーと接触しながら、ある草案を書き上げた。

「緊急時の核再持ち込みについての合意議事録」

沖縄の施政権を返還後も極東有事に際しては米の核再持ち込みを可能とする密約だった。この議事録は日米共同声明とは別に、両首脳だけで小部屋に入り、署名した。「議事録＝小部屋の紙」の存在を知っているのは佐藤、若泉、ニクソン、キッシンジャーの4人だけ。2通作成され、ホワイトハウスと首相官邸にそれぞれ保管、首脳間でのみ極秘裏に取り扱うこととなった。

若泉は著書「他策ナカリシヲ信ゼムト欲ス」に議事録についてこう記した。

「核時代における自国の生き残りをアメリカの核の傘の保護に求めている敗戦国日本としては、万が一にも緊急不可避の非常事態が生起した場合、自国の生存と安全のためにもこの文章が必要になるかもしれない。それがそもそも日米安保条約の存在理由ではないか。（略）これなくしては日本の固有の領土・沖縄とそこに住む百万同胞は返ってくることはない」

72年1月、佐藤は再び訪米し、ニクソンと日米首脳会談を行い、5月15日の沖縄返還を合意した。

正式返還は5月15日午前0時。那覇市はあいにくの雨だったが、車のクラクションが一斉に鳴り響き、歓喜の声が上がった。船舶の汽笛や寺院の鐘も鳴った。

だが、沖縄で祖国復帰運動を主導してきた復帰協はすでに左傾化していた。米軍基地が残り、自衛隊が新たに配備されることに猛反発、この日を「新たな屈辱の日」とした。沖縄復帰は革新勢力による反米闘争の新たな出発点でもあった。

眠ったままの復帰記念メダル

1969年11月21日、首相の佐藤栄作は第37代米大統領のリチャード・ニクソンとの首脳会談で「核抜き・本土並み」の沖縄返還を正式合意した。占領地の平和的返還は外交史上に残る成果だったが、世間の評価は冷ややかだった。

社会、共産両党は、米軍全面撤退を含めた「即時・無条件・全面返還」という非現実的な要求を掲げて政府を批判、朝日新聞など一部メディアが盛んにこれをあおった。

背景には、60年代後半からベトナム戦争が泥沼化し、「ラブ&ピース」を唱える反米・反戦運動が世界的に広がっていたことがある。社会、共産両党は、沖縄を「反米・反戦の象徴」にすべく競い合うように勢力を浸透させた。60年安保闘争を主導した全学連の活動家らも「沖縄を階級闘争の拠点に」を掲げ、続々と沖縄入りした。

沖縄の祖国復帰の日にもかかわらず、那覇市民会館前で行われた「沖縄処分」抗議集会ではヘルメットにゲバ棒姿の学生らが機動隊とにらみ合った（1972年5月15日）

祖国復帰運動の中核だった教職員会は、革新勢力の格好のターゲットとなった。職場では活発にオルグ（宣伝・勧誘）が行われ、教職員会は急速に左傾化していった。

教職員会が母体となっていた祖国復帰協議会（復帰協）も「即時・無条件・全面返還」を唱えるようになり、ついには「返還協定粉砕」を掲げた。復帰協3代目会長の喜屋武《きやん》真栄《しんえい》は、70年11月の沖縄初の参院選で当選しながら返還協定の批准反対を説き続けた。

復帰を翌年に控えた71年9月、教職員会は解散し、沖縄県教職員組合（沖教組）に変わった。すでに学校で国歌斉唱、国旗掲揚は行われなくなっていた。

「僕の気持ちは愛唱歌の通り、『友よ仰げ

日の丸の旗』『沖縄を返せ』のままだった。でも復帰運動は変わり果ててしまった……」

祖国復帰を求めて運動に参加していた英語・音楽教師の崎山用豊は沖教組に強い違和感を覚え、運動から距離を置くようになった。指揮棒代わりに日の丸の小旗を振っていた男性教師はいつのまにか「日の丸・君が代反対」を唱えるようになっていた。

組合員数1万人を有する沖教組はストライキを繰り返し、小中学校の授業は朝から自習が続いた。教師たちは「自衛隊は人殺し」などと書いたビラを配り回った。8児の母である主婦の金城テルはこんな現状に憤りを感じ、小学校の正門前で「先生はちゃんと授業をやりなさい」と訴えた。

校長にも抗議に行った。すると校長室に数人の教師が押し入り、「校長はあっちに行け！　あんたが来るところじゃない」と言い放ち、校長を追い出してしまった。驚いた金城が「先生は聖職じゃないんですか」と聞くと、教師たちは平然と「僕たちは労働者です」と言ってのけた。

こんなこともあった。

政府は教育委員会を通じて沖縄の小中学生20万人に「復帰記念メダル」を配布することを決めた。沖教組はまたも「基地が残ったままの復帰は認めない」と猛反対。教育委員会も労組の〝決定〟に同意し、大半のメダルは倉庫に眠ったままとなった。

声なき声はどちらを支持したか

主婦の金城テルは、教育正常化と復帰推進を訴える「子供を守る父母の会」を立ち上げ、「返還協定批准」を訴える活動を続けた。沖縄の保守勢力の中心的存在だった参院議員の稲嶺一郎らの協力もあり、会長には元琉球政府文教局長の小嶺憲達が就き、賛同の輪は次第に広がっていった。

１９６９年11月の佐藤・ニクソン会談が迫ると、沖教組は全共闘などと組み「佐藤訪米阻止」を打ち出した。

佐藤訪米の数日前、金城ら父母の会メンバー約２００人は「私たちこそが沖縄代表」と名乗って上京し、首相官邸を訪ねた。「佐藤さんガンバレ」と書いたタスキをかけた一団を迎えた佐藤は感極まったのか、ハンカチで目元を押さえ、深々と頭を下げた。

「沖縄の皆さんには長年ご苦労かけました……」

69年11月21日の佐藤・ニクソン会談での沖縄返還合意を経て、日米両国は71年6月17日、沖縄返還協定に調印した。国会がこの協定を承認、批准すれば返還が正式に決まる。

復帰協は反対運動を激化させた。国会承認を目前に控えた「批准阻止」に向け、沖縄全島でのゼネストを呼びかけた。

「県民の多くは本音では早期復帰を望んでいる。批准しないと沖縄が日本に戻る日が遠のいてしまう」

危機感を募らせた金城ら批准賛成派は10月31日、那覇市の与儀《よぎ》公園で「沖縄返還協定批准貫徹県民大会」を決行した。

メンバーは「今こそ心を一つにして祖国に帰ろう」というポスターを張って回り、「声なき声」の参加を呼びかけた。自民党国民運動本部長で衆院議員の江崎真澄（後に防衛庁長官）の働きかけもあり、商工会議所、医師会、青年会議所などに加え、琉球石油（現りゅうせき）や国場建設など地元企業も続々と賛同してくれた。

県民大会には1千人以上が参加。君が代斉唱で開会した後、次のような決議宣言を採択した。

「今や復帰運動は終末を告げ、新しい沖縄県建設の第一歩を踏み出す歴史的瞬間を迎えようとしています。徒《いたず》らに感情的な、政治的な立場からの我執や妄想に捉われ、県民世論を分断することがあってはなりません」

沖縄の祖国復帰の日はあいにくの雨だったが、那覇市内の沿道には数々の日の丸が掲げられた（1972年5月15日）

この後、参加者は日の丸の小旗を振りながら那覇市中心部を行進した。

11月3日には、小嶺を団長とする代表団7人が決議宣言文を持参して上京し、自民党幹事長の保利茂や官房長官の竹下登らと面談し、早期批准を要請した。新宿などの街頭で「沖縄の一日も早い復帰を」とプラカードを掲げ、「晴れて日本人になりたいのです」と記したビラを配った。

このような動きに後押しされ、自民党は11月17日、衆院沖縄返還協定特別委員会で質疑を打ち切り、協定案を強行採決した。教職員会初代会長も務めた琉球政府行政主席の屋良朝苗《やらちょうびょう》（復帰後の初代知事）が「基地のない平和な島」を求める建議書を手に国会に向かっていたが、間に合わなかった。協定案は11月24日に衆院本会議で、12月22日に参院本会議でも可決・承認された。

72年5月15日午前0時、沖縄は日本に正式返還された。午前0時すぎ、統治機構のトップである高等弁務官（中将）のジェームス・ランパートは嘉手納飛行場から特別機で米国に飛び去った。沖縄は「アメリカ世《ゆー》」から「大和世《やまとゆー》」へと移り変わった。

この日午後、金城は復帰運動の仲間数百人と那覇市内の講堂に料理を持ち寄り、祝賀会を開いた。あいにくの雨だったが、金城たちは「沖縄の感激の涙だね」と万歳し、カチャーシーを踊った。

同じころ、与儀公園では復帰協の集会が開かれた。「沖縄処分抗議 佐藤内閣打倒 5・15抗議県民総決起大会」。集まった人々は米軍基地が残り、自衛隊基地が新たに配備されることへの怒りをぶちまけた。

だが、70年安保闘争と同様に運動は下火となり、復帰協は復帰5周年の77年5月15日に解散した。

テント村で見つけた2つの報道番組

沖縄の海の玄関口・那覇港（那覇市）に２０１５年末、世界遺産・首里城正殿前の龍柱（約3メートル）を模した高さ15メートルの巨大な龍柱が完成した。

現沖縄県知事の翁長雄志《おながたけし》が、那覇市長だった12年、福建省福州市との友好都市締結30周年記念事業として肝いりで始めた。総事業費は2億６７００万円。このうち8割は国の一括交付金を充て市の負担は５３００万円に抑える算段だった。翁長は市議会で「龍柱をシンガポールのマーライオンに匹敵するようにしたい」と胸を張った。

那覇市は、市内の業者を通じて福州市の業者に龍柱制作を依頼したが、工期は大幅に延び、総事業費も3億２２００万円に跳ね上がった。おまけに那覇市は一括交付金の未執行分を次年度に繰り越す手続きをしなかったため、市の負担は2億１９００万円と当初の4倍に膨らんだ。

そもそも国民の税金を使って中国の業者に中国産の石材で龍柱を制作させること自体が不見識だが、批判はそこで収まらなかった。

「龍」は元来、中国皇帝の権力の象徴。「5本爪」の龍の図柄は中国皇帝のみが使用でき、朝鮮など中国の冊封体制に入った周辺諸国は「4本爪」を用いてきた歴史がある。

琉球王朝も冊封を受け、首里城の龍柱は「4本爪」。そして今回の龍柱も「4本爪」だった。

那覇港の龍柱から大通りが延び、沖縄県庁と那覇市役所に突き当たる。大通り沿いはかつて久米村《くにんだ》といわれ、明朝の中国人が暮らした地域。沿道には中国庭園「福州園」(1992年開園)や、翁長が13年に完成させた「久米至聖廟《びょう》」(久米孔子廟)が並ぶ。

海の玄関口に「4本爪」の龍柱を立て、県庁までの大通りに中国庭園や孔子廟を整備し、一体誰をお迎えするつもりなのか——。

米軍普天間飛行場(沖縄県宜野湾市)の移設先となる名護市辺野古地区。大浦湾に突き出た米軍キャンプ・シュワブ内の岬にV字滑走路を建設する計画だ。

沖縄県新知事として日本に返還後、初めて首相の佐藤栄作（右）にあいさつする屋良朝苗（1972年5月17日）

「海を殺すな」「沖縄を本土の捨て石にするな！」

砂浜を隔てるキャンプ・シュワブのフェンスには移設反対派の横断幕。キャンプ・シュワブのゲート前の「テント村」には「退職教職員組合」「日本共産党」の幟《のぼり》がはためいていた。「安倍（晋三）は憲法を壊し、戦争しようとしている。辺野古に基地をつくらせてはならない」

テント村の〝住民〟の50歳代の男性はこう力説した。聞けば東京都出身だが、現在は名護市に住民票を移したという。テント内には「NEWS23」（TBS）と「報道ステーション」（テレビ朝日）の連絡先が張り出してあった。

辺野古地区の昔からの住民の多くは条件付きで移設受け入れを表明しており、テント村を快く思っていない。12年3月にはテント村撤去を求めて763人分の署名を名護市長の稲嶺進に提出した。ある女性は眉をひそめた。

「お年寄り数人のほかはテント村に地元の人はいません。本土（県外）や中南部（那覇市など）から来た人ばかり。それなのに『地元が反対してる』と報道されて迷惑してます。私たちは基地と共存して暮らしてきたんですから。でも本音を言うのは本当に難しい」

集落入り口には「WELCOME APPLETOWN」の看板。米統治下の昭和30年代、沖縄民政府土地課長で中佐のアップルが中心となり開発したことからこの名がついた。

そもそもキャンプ・シュワブは翁長が強調するような「銃剣とブルドーザー」で強制接収された基地ではない。地元の久志村（当時）の村長が村おこしとして誘致した。商売や軍用地料収入で恩恵を受ける住民もいる。反基地は決して「県民の総意」ではない。

涙を浮かべた橋本龍太郎

１９９６年2月24日、米サンタモニカ。第82、83代首相の橋本龍太郎は、第42代米大統領のビル・クリントンとの初会談で、普天間飛行場の返還を唐突に切り出した。一種の賭けだったが、クリントンは「沖縄の人々の感情を考えながら最善を尽くす」と明言した。「不可能」と言われた普天間移設が動き出した瞬間だった。

背景には、95年9月に12歳の少女が米兵３人に暴行された事件がある。これに米統治時代からくすぶる反米感情が爆発し、10月21日に宜野湾市で大規模な県民総決起大会が開かれた。

日米両政府は11月、基地の整理・縮小に向け、沖縄特別行動委員会（ＳＡＣＯ）を発足させた。米政府は91年にフィリピンのスービック海軍基地とクラーク空軍基地を返還した。沖縄で連鎖反応を起こすことだけは避けたかったとみられる。

橋本―クリントン会談後、話は急ピッチで進んだ。橋本は96年4月12日、駐日大使のウォルター・モンデールと会談し、普天間飛行場を5～7年以内に全面返還することで合意した。モンデールは記者会見で「私たちは沖縄のよき隣人でありたい」と語った。

ＳＡＣＯは12月、普天間飛行場の全面返還に加え、米軍区域面積の21％（約5千万平方メートル）の返還を盛り込んだ最終報告をまとめた。沖縄県民も多くは評価し、揺らぎかけた日米同盟は再び固まった。

普天間飛行場をどこに移設するか。「県内」が米側の返還条件だった。当初は空軍嘉手納基地（嘉手納町など）と統合する案もあったが、米国が難色を示したこともあり頓挫した。

政府は97年11月5日、キャンプ・シュワブ内の辺野古沖に海上ヘリポートを建設する案をまとめ地元に提示した。これを受け、名護市は12月21日に住民投票を実施したが、反対が賛成をわずかに上回った。

3日後の24日、名護市長の比嘉鉄也は上京し、橋本を訪ねた。

「私はここで移設を容認します。その代わり腹を切ります」

比嘉はこう語ると琉歌を紙にしたためた。

義理んむすからん
ありん捨ららん
思案てる橋の
渡りぐりしや

運命の分かれ道の思案橋を渡るか渡るまいか悩んだが、やはり渡らねばならぬ――の意。橋本は涙を浮かべ、深々と頭を下げた。

比嘉は記者会見で「名護市が負担を受け入れることで普天間の危険が解消されるなら批判はあってもあえてその道を選びました」と語り、約束通り辞任した。

自民党政権と沖縄の蜜月はその後も続いた。第84代首相の小渕恵三は99年12月、「普天間飛行場移設に係る政府方針」を閣議決定した。2000年度から10年間で1千億円を従来の沖縄振興とは別枠で北部地域向けに確保することを約束した。

00年の主要国首脳会議（サミット）の開催地も名護市に決まった。那覇市では、米軍住宅跡地に大型ショッピングセンターなどが並ぶ「那

沖縄の米軍普天間飛行場返還で共同記者会見する首相の橋本龍太郎（左）と駐日大使、モンデール（1996年4月12日）

覇新都心」が完成し、空港と市街地はモノレールで結ばれた。名護市でも03年に国立沖縄工業高専が開校、04年には名護市と古宇利島（今帰仁《なきじん》村）を結ぶ古宇利大橋も完成した。

沖縄返還後、政府が投じた沖縄振興予算は累計11兆円に及ぶ。ＳＡＣＯ合意後はさらに増えた。地元建設会社の幹部はこう語った。

「振興策のおかげで沖縄は豊かになりました。建設業界も恩恵を享受している。本土の山間部を見ると沖縄の山間部より開発が遅れている。あんな所に住む人が懸命に働き、納めた税金がこっちで使われると思うと気の毒に思いますよ」

ただ、振興策には思わぬ副作用があった。建設会社幹部は続けた。

「もともと沖縄政財界には基地返還を取引材料に予算を要求しようなどという発想はなかった。だが、ＳＡＣＯの合意以降そういうケースが増えた……」

振興策と並行して移設計画も着実に進み、02年7月、政府は辺野古沖を埋め立て代替施設を建設する計画を決定。06年4月には住宅上空を飛行しないようV字滑走路に計画変更した。

ところが、とんでもない卓袱《ちゃぶ》台返しがあった。

09年8月末の衆院選で自民党は大敗を喫し、移設先について「最低でも県外、できれば国外」と唱えた民主党の鳩山由紀夫が首相に就任したのだ。

鳩山は「腹案がある」と繰り返したが、そんなものはなかった。迷走のあげく鳩山は10年5月4日、沖縄で県知事の仲井真弘多《なかいまひろかず》と会談、「学べば学ぶほど（日米同盟が）抑止力を維持していることが分かった」と語り、県外移設を断念し、従来通り、辺野古への移設を進める考えを伝えた。

鳩山の迷走により、反米・反基地運動は勢いづき、移設容認派は分裂した。

14年11月の県知事選では、移設容認から反対に転じた翁長が、仲井真を破って初当選を果たした。翁長は元自民党県議だが、共産、社民両党などの支援を受けての勝利だった。

当選後の翁長は強硬に移設反対を打ち出し、解決の見通しは立っていない。かつて職を賭して移設を容認した比嘉はこう語った。

「当事者でない私がいろいろ言うべきではない。ただ一つだけ言えるのは、あの時の決断は決して間違っていなかったということです」

第四章

国際社会は非道である

日米パイロットの数奇な出会い

小さなオレンジ色の炎が見えた。まるで火のついたマッチ棒を落としたようだった。地上に落ちた炎は所々で光り、次第に大きく広がり、火の海となった。

上空に立ちこめた灰色の煙はだんだんと真っ黒になり、地上の様子は見えなくなった。コックピット内にも煙が漏れ入ってきた。何とも言えぬ、ひどい臭いだった――。

これは、元米陸軍第78戦闘機飛行中隊の戦闘機P51マスタングのパイロットで現在も存命中のジェリー・イエリンが、高度2万2千フィート（6706メートル）から見下ろした東京空襲の光景だ。今も脳裏に焼き付いているという。

1945（昭和20）年3月9日午後7時すぎ（現地時間）。「超空の要塞」といわれた米軍のB29爆撃機325機が、グアムやサイパンなどマリアナ諸島の飛行場を次々に飛び立った。

東京大空襲で焦土と化した市街地。日本橋上空から隅田川方面をのぞむ（米軍撮影）

目標は2300キロ先の首都・東京。10日午前0時8分、先導のB29が爆弾庫の扉を開け、6・6トンの焼夷弾《しょうい》をバラバラと投下した。

空襲は2時間あまり続いた。投下された焼夷弾は約1600トン。地上は地獄絵図となり、死者は推計10万人超、被災家屋は26万超、罹災《りさい》者は100万人を超えた。

日本軍からマリアナ諸島を奪った米軍が、東京への空襲を開始したのは44年11月24日だが、45年3月10日の空襲は、それまでの三十数回の空襲とは比較にならぬほど規模も被害も甚大だった。

その後も空襲は終戦の日の8月15日まで続き、その総数は100回超。東京のほぼ全域が焦土と化した。現在「東京大空襲」と言うと3月10日の空襲を指す。

イエリンは3月10日の大空襲には参加していない。米軍は3月中旬、栗林忠道大将率いる日本軍守備隊と激しい戦闘の末、硫黄島（東京都小笠原村）を奪うと、即座にP51戦闘機部隊を進出させた。東京などへ空爆に向かうB29の護衛が主な任務でイエリンもその一人だった。初めて東京空襲に参加したのは4月7日だった。

B29の搭乗員にとって最大の脅威は日本の零戦だった。撃墜されるなどした未帰還機は累計で200機に上るとされる。

ただ、大戦初期に「無敵」とされた零戦も、強力なエンジンを搭載し、高い巡航性能と機動性を誇るＰ51には及ばなかった。イエリンらＰ51部隊は、Ｂ29を常にエスコートし、空爆中はＢ29より上空から零戦の動きを見張っていた。

41年12月8日（現地7日）、ハワイのパールハーバー（真珠湾）が日本海軍の奇襲攻撃を受け、日米が開戦すると、イエリンは「祖国を攻撃したジャップをやっつける」とすぐに陸軍に志願し、戦闘機のパイロットとなった。

「日本は敵国だった。日本軍の飛行機を撃ち落とすことがわれわれの任務であり、それを遂行したことに今でも誇りを持っている」

「日本上空は19回飛んだ。東京が燃えているのを見て『敵を破壊しているのだ』と思った。われわれはただ任務を遂行し、そして勝った……」

「ゼロ（零戦）とも6、7回戦った。ゼロは高速飛行すると右旋回に難があることを私たちは知っていた。燃料タンクの防備もなかった。私はゼロを少なくとも3機撃墜した」

こう語るイエリンは、終戦後、21歳で祖国に帰還した。空中戦の成果をたたえられ、「殊勲飛行十字章」を授与された。

だが、その後30年間、イエリンは心的外傷後ストレス障害（ＰＴＳＤ）に悩まされた。日本との戦争で16人の友人を失い、自分が生き残った自責の念もあった。戦地での凄惨《せいさん》な光景もたびたびフラッシュバックした。日本や戦争への憎悪は戦後も続いた。ところが、互いに憎しみあい、破壊しあった敵国日本を「大切だ」と思わずにはいられない出会いが期せずして訪れた。「運命だ……」。イエリンはこう語る。

83年10月、イエリンは戦後初めて日本を訪れた。日米両国民にとって先の大戦はすでに過去のこととなっていたが、イエリンは気が進まなかった。仕事の関係の招待で断りにくかった上、妻が日本の文化や自然に興味があったこともあり、渋々訪れたのだった。

東京・銀座で何げなく上空を眺めた瞬間、イエリンの脳裏に「あの日」がよみがえった。

「空を見た瞬間、B29が爆弾を落とすイメージが広がり、自分に落とされているような気がした。その場にいることができなかった……」

空襲の記憶を遠ざけるようにイエリンは都心を離れて、金沢市の兼六園などを旅行した。その美しさはそれまでの日本のイメージを覆した。

その後、四男の大学卒業旅行に日本でのホームステイをプレゼントするなど日本とのつながりは深まった。しかもその四男は日本人女性と結婚することになった。

息子の結婚相手の父親、山川太郎（故人）は「よりによって敵国だった米国人と結

愛機のP51マスタングを前に同僚と話すジェリー・イエリン(右)＝1945年6月1日、硫黄島(イエリン提供)

婚するとは」と結婚に難色を示したが、イエリンがP51のパイロットだったことを知ると態度が急に変わった。

実は山川も戦闘機のパイロットを目指し、大刀洗陸軍飛行学校（福岡県）に入学した経歴の持ち主だったからだ。イエリンによると、山川が戦闘機を操縦したのは3時間で、上層部の方針で補給中隊に配属されたそうだが、同じ「飛行機乗り」として相通じるものがあったようだ。

四男の結婚後、山川は、イエリンにこんな手記を送った。

《空を見上げて敵機の姿を目にとめる度に、私は自分の置かれている状況を無念に思った。私は愛国者だったので、わが祖国の敵はわが敵にほかならなかった。私はアメリカ兵を殺したかった。太平洋の島々でわが帝国陸海軍を打ち破っている彼らはわが祖国を屈辱にまみれさせているのだ》（イエリンの著書「戦争と結婚」から）

かつて敵同士だったが、根っこに流れる祖国への思いは同じだった。88年には、静岡・下田温泉で一緒に湯船に入り、こう語り合った。

イエリン「私たちは真実を知っている。戦争はひどく、恐ろしいものだ。孫たちがそんな経験をしないで済むことを望むばかりです」

山川「私たちは同じ時代に生きたのですが、お互い敵国の人間だった。でも人間同士の間には何の違いもないということが分かりました」

山川は「後悔しているのは、敵に対して弾一つ撃たなかったこと。そして天皇陛下のために命を投げ出すことができなかったことです」とも語った。この言葉にイエリンは感動し、山川を尊敬するようになった。

山川は数年前に他界したが、イエリンは山川との出会いを「運命だ」と感じている。

「日本は自分にとってもとても大切だ」

イエリンは91歳の誕生日を迎えた２０１５年2月15日、カリフォルニア州サンディエゴにいた。メキシコと国境を接する観光都市だが、海兵隊や海軍の基地が点在する「基地の街」としても知られる。ダウンタウンにほど近い港には、先の大戦中に建造された米空母「ミッドウェー」が係留され、博物館となっている。

イエリンは戦後70年を迎えた15年夏、どのようなイベントを実施するかを話し合う会議に出席した。退役軍人団体や戦争関連の博物館、コミュニティー団体など全米から約100組織が集まり、情報交換しながら、協力や連携を模索するのが目的だった。

先の大戦で軍に入隊した米国人は約1600万人に上るが、日本と同じく高齢化が進み、毎月5万～7万人が死亡している。「先の大戦の記憶をどう語り継いでいくか」は会議の大きなテーマだった。イエリンはこう語った。

「戦争は国のために戦い、互いの敵を殺すことだ。私たちはそれをやった。勝者がいれば、敗者もいる。日本は過去の罪悪感を持ち続けなくてもよい。私には日本人の孫がいる。彼らには双方の祖父がやったことを誇りに思ってほしい……」

米国は「卑劣な戦闘行為」を嫌っていた

先の大戦中の首都・東京への空襲は100回を超えるが、1945年3月10日の「東京大空襲」を機に、米軍は、一般市民をターゲットにした無差別爆撃にかじを切った。なぜ米軍は戦術転換したのか。

同年1月20日、後に「米空軍の父」と言われる米陸軍航空軍司令官（大将）のヘンリー・アーノルド（後に空軍元帥）は、爆撃で成果を上げられない日本空爆の指揮官（准将）、ヘイウッド・ハンセルを更迭し、欧州戦線などの爆撃で成果を上げた少将、カーチス・ルメイ（後に空軍大将）を任命した。

ルメイは、それまでの軍需工場への精密爆撃をやめ、一般市民を多数巻き込む無差別都市爆撃を計画した。ルメイは戦後、自著で無差別爆撃を「全ての日本国民は航空機や兵器の製造に携わっている」と正当化している。

さらにルメイは、高度1万メートル近い高高度昼間爆撃から2千メートル前後の低空夜間爆撃に切り替えた。爆弾搭載量を増やすため機銃の大半は取り外させた。3月の時点で護衛戦闘機はなく、もし敵戦闘機に襲われても反撃のすべはない。B29搭乗員の多くは「死の宣告」と受け止めたという。

ただ、無差別爆撃の責任をルメイ一人に押しつけるのは酷だろう。

背景には、すでに日本陸海軍の組織的反撃は困難となり、米軍が日本本土上陸を想定するようになったことがある。無差別爆撃により日本の厭戦《えんせん》気分を高めるとともに、都市部を壊滅させることで速やかに占領しようと考えたようだ。

根底には米陸海軍、そして陸軍から独立を企てる陸軍航空軍（後に空軍）の主導権争いもあったとされる。

防衛大学教授の源田孝教授（軍事史）は「当時ルメイは少将にすぎない。爆撃は全てアーノルドの命令で実行された。ルメイは組織人として上官の期待に忠実に応えただけだ。無差別爆撃への転換には『米兵の死傷者を少なくしたい』という米政府の思惑がからんでいた。日本への原爆投下の正当化と同じ論理が見てとれる」と語る。

その証拠に米国は43年、ユタ州の砂漠に日本の木造長屋を再現し、焼夷《しょうい》弾による燃焼実験を行っている。やはり無差別爆撃は「米国の意思」だったとみるべきだろう。

「わが国政府並びに国民は、非武装市民への爆撃や低空からの機銃掃射、これら卑劣きわまる戦争行為を全力をもって糾弾する」

これは第32代米大統領、フランクリン・ルーズベルトが、39年にソ連軍がフィンランドに無差別爆撃を行った際、発表した声明だ。ルーズベルトは東京大空襲直後の45年4月12日に死去したが、日本全国で繰り広げられた無差別爆撃、そして広島、長崎への原爆投下をどう抗弁するつもりだったのだろうか。

上野の山から海が見えた

1945年3月9日。東京の下町には冷たい強風が吹き荒れていた。翌3月10日は陸軍記念日。巷《ちまた》では、この日を狙って米軍が大規模な空襲を仕掛けてくるのではないかというわさが流れていた。

このところ見かけることが減っていた子供の姿も、この日はやけに目立った。国民学校の児童の多くは、学童疎開で地方生活を余儀なくされていたが、6年生は母校での卒業式に出席するため、自宅に戻っていたのだ。

9日午後10時半、警戒警報が発令されたが、ほどなく解除された。東京都浅草区（現台東区）でプレス工場を営む父とともに暮らしていた、当時15歳の相原孝次は、多くの都民と同様に、いつでも避難できるよう靴下を履いてゲートルを巻き、枕元に鉄カブトや防空頭巾《ずきん》を置き、眠りについた。

「空襲警報だ！」

10日午前0時15分。相原は父の鋭い声にすぐさま飛び起きた。米軍のB29爆撃機が最初に深川区（現江東区）木場の一角に焼夷《しょうい》弾を投下したのは午前0時8分。空襲警報が発令されたのはその7分後だった。すでに複数の地域で火の手が上がっていた。

相原が住む浅草区にも焼夷弾が降り注いだ。焼夷弾は地上に落下すると青白い閃光《せんこう》を発し、シューシューと燃え広がった。

ふと気付くと隣町から「タケシ、タケシ！」と子供の名を呼ぶ女性の悲鳴が、途切れ途切れに聞こえてきた。声が聞こえる方角をみると、民家の2階の窓から猛烈な炎が噴き出していた。もう手の施しようがなかった。

激しさを増す焼夷弾の雨。相原は自転車に葛籠《つづら》を付け、父とともに、千葉の親族の元に行こうと逃げ回ったが、途中で炎の壁に囲まれた。

「この炎を突き抜けるしかない。倒れたら終わりだ……」。相原は意を決して、父とともに目をつぶって炎の中を駆け抜けた。

首尾よく炎をすり抜けることはできたが、閉じていた目がなかなか開かない。炎でまつげが焦げ、互いに絡み合っていたのだ。

途中で強風にあおられて飛んできた何かの塊が左顔面に直撃した。それがもとで数年後に左目の視力を失った。だが、その時は命が助かったことがうれしくて親子で抱き合った。

ようやく火の手が上がっていない場所までたどりついた。ふと振り返ると、両国の方で高さ数十メートルはあろうかという火柱が何本も立ち上っていた。

上空を見上げると、低空を悠々と飛ぶB29の群れ。銀色のジュラルミンをむき出しにした機体は地上で燃えさかる炎を照り返し、真っ赤に染まっていた。その真っ赤な腹が開くと焼夷弾が無数にばらまかれ、さらに大きな炎を作り上げた。

相原の脳裏にはなお、当時の光景が焼き付いている。

「あれは赤い悪魔だった……」

同じ3月10日未明、5歳になったばかりだった立川国紀は、空襲が始まると、8歳の姉や、3歳、1歳半の妹とともに、母に手を引かれ、東京都深川区（現江東区）の自宅を飛び出した。

焼夷《しょうい》弾は至る所で猛火を起こし、火の粉をまき散らした。熱気で体中から汗が一斉に噴き出した。逃げまどう多くの人が火の粉をかぶり、互いに消しあった。

母子が向かったのは、関東大震災の際も多数の人が逃げ込んだ清澄庭園（江東区清澄）だった。すでに人であふれかえり、押し潰された人もいた。立川も転んでしまって見知らぬ人に踏みつけられ、母と姉に助けられた。

庭園の中に走り込み、そのままバタリと倒れて死んでしまった人がいた。全身に大やけどを負い、髪の毛も焼けていた。体形から男性だろうと思ったが、よく分からない。若い女性が小さな赤ん坊を抱いたまま「お父ちゃんが死んじゃった」と泣いていた。

3月10日の東京大空襲で米軍B29爆撃機が主に投下したのは「M69油脂焼夷弾」だった。

六角柱の焼夷弾（直径7・6センチ、長さ50・8センチ）には、ナフサ（粗製ガソリン）と薬品を混ぜたナパーム剤が注入されており、着地と同時に引火する。すると1300度で燃え上がり、30メートル四方に火炎を飛散させる。この焼夷弾計38発が集束型爆弾内に収められ、投下後数秒で散解する仕組みだった。

B29の機影が去り、空襲警報が解除されたのは10日午前2時37分。2時間以上の無差別爆撃はいったん幕を閉じたが、その惨状が分かったのは夜が明けてからだった。

上野動物園の裏手にあった防空壕《ごう》に逃げ込み、一命を取り留めた当時小学生の平井道信は、夜が明けて防空壕から出たときの光景が忘れられない。

上野の山の西郷隆盛の銅像下から周囲を見渡すと、残っているのは上野松坂屋デパートや浅草松屋デパートの建物ぐらい。その他は全て焼き尽くされていた。人の気配や生活音は感じられない。平井はそこはかとない恐怖を感じた。

「キラキラと光るものが見える！」

深川の方を眺めていた友人が唐突に声を上げた。それまで建物で遮られ、見えなかった東京湾だった。

大森区（現大田区）に嫁いでいた玉生《たまぶ》うめ子は、深川区の実家にいた母と弟の消息を尋ねて隅田川を渡り、惨状に目を覆った。

「町中全てが真っ白けなんです。どこもかしこも人がゴロゴロと死んでいました」

国民学校に多数逃げた人がいると聞き、そこに向かった。校門左手にあったプールには肌が焼けただれた人がぎっしりと水中に入っていた。誰もが煤《すす》で真っ黒で目だけがギラギラと光っていた。

講堂で横たわっている母を見つけた。大やけどを負っていたが、無事だった。母はこう語った。

「橋の近くの公衆便所に逃げ込もうとしたけれど満杯で入れず、橋桁の下に隠れたのよ。公衆便所は焼け、そこに逃げた人はみんな死んでしまった……」

千葉県市川市に住んでいた、当時小学生の堀越美恵子は東京方面で焼け出され、橋を渡ってくる人々の行列を見て驚いた。誰もが髪が焼け、やけどを負った肌をさらしていた。背負った子供が亡くなったことに気付いていない母親もいた。

「子供の体が残っていればまだいい方。中には首や腕、足がなくなった子供を背負っている母親もいました。誰もが放心状態で目はうつろ。その様子は、地獄絵図でした」

戦災孤児たちは桜の木の下で泣いた

1944年11月から翌年8月まで100回超も続いた米軍による東京空襲。家族を失い、独りぼっちとなった孤児たちはその後も苦難の人生を歩まねばならなかった。

14歳だった戸田成正《しげまさ》は右耳、左脚に空襲で負った火傷《やけど》の痕が残る。口元の傷痕には目立たぬよう絆創膏《ばんそうこう》を張っている。

45年4月13日深夜、陸軍造兵廠《しょう》や被服廠がある王子区（現北区）など東京都北部に300機超のＢ29爆撃機が襲来した。「城北大空襲」。2459人の死者が出た。荒川区の京成電鉄新三河島駅近くにあった戸田の自宅も焼け落ちた。

目の不自由な母と2人で暮らしていた戸田は、空襲警報で跳び起きると、母の手を引いて大通りに飛び出した。近くに焼夷《しょうい》弾が落ち、ナパーム剤が親子に降りかかった。母はあっという間に火だるまになった。戸田は大火傷を負いながらも担架で運ばれる母に付き添ったが、途中で意識を失った。

気付くと病院のベッドの上だった。看護師たちの会話から母の死を知ったが、母の遺体がどこに運ばれたかさえも分からなかった。

戸田は孤児になった。母の遺骨は見つからなかった。「あのとき母を別の方へ誘導していれば、死なせずに済んだかもしれない」。戸田は今も自責の念にかられることがある。

同年8月15日。戸田は終戦の玉音放送を池袋近くの養育院で聞いた。感慨はなかった。勝ったとか負けたとかよりも「これからどう生きていけばよいのか」を考えていた。

養育院は漆喰《しっくい》塗りの建物で他の孤児たちと大部屋で寝起きした。米粒大のシラミがわき、体中に赤い発疹ができた。配給は少なく、近くの畑で農家が掘り残したイモなどを食べたりしたが、空腹は収まらない。セミを捕って焼いて食べた。漆喰の壁を掘って食べる子供もいた。

戸田は養育院を飛び出した。当てもなく上野に行くと地下道に老若男女を問わず、浮浪生活を送る人がひしめき合っていた。戸田もここで数日間寝起きした。人混みに手を差し出すとおにぎりをくれる人もいたが、戸田は悩んだ。

「おれは何のために生まれてきたんだ。戦災に遭うためなのか？」

戦後に厚生省（現厚生労働省）が行った調査によると、48年の時点で孤児は全国に計12万3511人いた。このうち10万7108人が親族らに引き取られたが、7117人は身寄りもなく、一時浮浪児となった。

戸田は地下道で浮浪生活をしながら、下町の路地裏を当てもなく歩いていると、どこからか味噌汁の香りが漂ってきた。たまらなく母が恋しくなった。

戸田は、別居していた父と兄が徳島県にいることを知り、手紙を書き、身を寄せた。

だが、2年ほど後には食糧事情を理由に茨城県の親類に引き取られ、その後、再び上京して鉄工所で働いた。

その後、戸田は結婚し、2人の子供を育てた。孫も5人いる。ただ、97年に妻に先立たれ、今はアパートの一室で1人で暮らしている。

「今まで生きてこられたのは家族ができたからだ。女房は夫として、子供たちは親として自分をみてくれた。でも今でもサイレンを聞くと空襲を思いだし、不安な気持ちになるんだよ」

西山秀子＝仮名、東京都在住＝は自らの戸籍謄本を大切そうに取り出した。

《親権者なし》

そう記されていた。

西山は45年3月10日の東京大空襲で孤児となった。まだ10歳。国民学校の4年生だった。父は浅草区（現台東区）で銅版職人をしていた。軍の地図制作に携わっており、東京を離れることができず、西山一人だけが東京から140キロ離れた長野県東部の境《さかい》村（現富士見町）に学童疎開した。

「秀子、元気か。お水を飲むときは、おなかを壊さないように口に含んで3回かんで飲めよ」

子煩悩の父からは3日に1度、絵はがきが届いた。隅田川に咲いた桜の花、遊んでいる弟たち……。父の挿絵を見て同級生は「ひでちゃんのお父さんは絵が上手ね」とうらやましがった。少し誇らしかった。

だが、3月10日を境に父からの便りは途絶えた。

5月初旬、長野に遅い春が来た。西山は担任の若い女性教師に連れられ、同級生数人とともに満開となった桜の下を歩いた。教師に花を摘むように言われたので、野花を摘んで差し出すと、教師は泣きながら、西山をきつく抱きしめた。そして西山の家族全員が東京大空襲の犠牲になったことを告げた。

「でも秀子ちゃんは絶対に幸せになるからね」

ほかの数人の同級生も同じ境遇だった。互いに抱き寄せ合い、輪になって泣いた。

8月15日。戦争が終わった。同級生の多くは家族が迎えに来て、一緒に帰っていった。西山は近くの駅に毎日通い、家族を待ち続けたが、秋になっても誰も来なかった。何となく人ごとのように感じていた家族の死が、重い現実となった。

「やっぱりお父さんも、お母さんも、みんな死んじゃったんだ……」

旧厚生省の調査によると、48年時点で戦争孤児だったとされる12万3511人のうち5万7731人は、学童疎開の対象となった年齢だった。正確には分からないが、西山のように疎開中に両親を失った子供たちは少なくなかった。孤児となった西山は親族に引き取られた。その家には別の親族も疎開しており、13人が暮らしていた。親族は冷ややかで食べ物はほとんど与えられず、水だけを飲んで1週間過ごしたこともあった。大切にしていた父の手紙は「そんなことは早く忘れなさい」と焼かれてしまった。

西山はみるみる骨と皮だけのようにやせこけていった。1年後、唯一世話をしてくれた叔母の結婚が決まり、西山は行き場を失った。

そんな西山を引き取ってくれたのは、国民学校の同級生の姉夫婦だった。夫婦には子供がなく西山は養女となった。

西山は栄養失調から固形物が食べられなくなっていた。元衛生兵だった養父は、戦地から持ち帰った固形のブドウ糖をナイフで細かく砕き根気強く口に含ませてくれた。「甘い、飴《あめ》みたい……」。西山はその味を今も覚えている。

亡くなった実父の口癖は「体、大事にしろな」だった。西山の中で養父と実父の姿が重なっていった。養母は毎日、西山の髪を櫛《くし》でとかしてくれた。実母と同じだった。

数カ月後、養父母を「お父さん、お母さん」と呼んだ。養父母は「ようやく呼んでくれた」と涙を流してくれた。

西山は養父母に高校にも行かせてもらい、公務員の夫と結婚し、子や孫にも恵まれた。

「私は本当に幸せでした。天国の両親がずっと見守ってくれたのかもしれません」

西山はそう言って笑みを浮かべたが、ふと悲しげな表情に変わった。

「私だけ恵まれて申し訳ないんです。それに戦後70年たっても、いくつになっても、やっぱり本当の親に会いたい。家族の遺骨は見つからないまま。私にとって戦争は終わっていないんです」

空襲は地方も確実に焼いた

「孝輔《たかすけ》、出てけ！」

祖母はこう怒鳴ると、国民学校1年の樋口泰助（孝輔から改名）を猛烈な力で防空壕《ごう》から押し出した。

1945年3月10日の東京大空襲を〝成功〟させた米軍は地方都市にも容赦なかった。6月19日深夜には、わずか30万人の商業都市にすぎない福岡市にもB29爆撃機221機が襲来。天神や博多など市街地を挟み撃ちにするように西と東から焼夷弾《しょうい》を雨のように降らせた。市内家屋の18%にあたる1万2千戸が被災し、1千人以上が命を落とした。

上川端町（現博多区）の旧十五銀行ビル（現博多リバレイン）では市民63人が命を落とした。ビルは鉄筋コンクリート造りで避難場所に指定されていたが、外の熱風はすさまじく、室内に山積みされた地下足袋や軍需用生ゴムが自然発火したのだ。避難者は必死に逃げようとしたが、頑丈な電動シャッターは停電で動かなかったという。

魚町（現中央区）に住んでい

本土空襲による都道府県別死者数

北海道	1283人	大阪府	13123人
青森県	865人	兵庫県	11107人
岩手県	1070人	奈良県	36人
宮城県	1212人	和歌山県	1733人
秋田県	103人	鳥取県	106人
山形県	37人	島根県	33人
福島県	649人	岡山県	1772人
茨城県	2214人	広島県	142430人
栃木県	673人	山口県	2276人
群馬県	1216人	徳島県	1472人
埼玉県	467人	香川県	1409人
千葉県	1425人	愛媛県	1207人
東京都	107021人	高知県	647人
神奈川県	5824人	福岡県	4374人
新潟県	1558人	佐賀県	187人
富山県	2805人	長崎県	71695人
石川県	27人	熊本県	939人
福井県	1929人	大分県	400人
山梨県	1174人	宮崎県	565人
長野県	40人	鹿児島県	4608人
岐阜県	1216人	沖縄県	371人
静岡県	6337人	青函連絡船	51人
愛知県	10139人	計	413068人
三重県	3068人	原爆	210000人
滋賀県	43人	原爆以外	203068人
京都府	132人		

※東京大空襲・戦災資料センターが、平成26年3月までの地域史調査などを基に作成。焼夷弾のほか機銃掃射や艦砲射撃などを含む。広島、長崎は原爆による死者数を含む。

た樋口は、祖母と母、姉、妹2人と自宅敷地の防空壕に逃げ込んだ。2畳ほどの狭い壕内で姉や妹は母にしがみつき、樋口は祖母に寄り添った。町内会長だった父は避難を呼び掛け近所を駆け回っていた。

まもなく自宅に火が付き、壕内にも煙が充満してきた。祖母は脳出血の後遺症で体が不自由だった。母は妊娠中で姉と妹は恐怖に震えて動けなかった。

「息ができない」。そう思った瞬間、祖母が壕外に押し出した。祖母は「このままでは全員死んでしまう」と思い、樋口だけを逃がそうとしたらしい。

火の粉を浴びながら道路にはい出すと、ちょうど父に出くわした。父は樋口を抱き、空き地にあった大きな防空壕に押し込むと自宅に引き返した。

だが、父の目には無残な光景が飛び込んできた。防空壕は焼夷弾の直撃を受けたらしく無残に崩れ落ちていた。「お母ちゃんたち、ダメやった……」。父は樋口に力なくこう告げた。

翌朝、父子は壕内から真っ黒になった2つの遺体を掘り出した。着物の切れ端から母と祖母だと分かった。2人は炎と煙から守るように姉と妹2人を抱きかかえており、姉ら3人の顔はきれいなままだった。

「優しい祖母でした。いつもおやつの煎り豆を『ばあちゃんの分もやる』とくれた。

最後に見せた厳しさで私を助けたんです……」

こう語り、樋口は涙をぬぐった。

兵庫県西宮市に住む服部寿夫《ひさお》は45年6月1日の空襲の記憶をようやく身内以外に話す決心がついた。妻、恭子にも10年前まで打ち明けなかった父と姉の最期。淡々とした口調の端々に悲しみがにじみ出た。

14歳だったあの日、服部が旧制明星商業学校（大阪市天王寺区）に登校すると空襲警報が鳴り響いた。半地下の剣道場へ避難するやいなや校庭は炎に覆われ、木造校舎の壁も焼夷弾《しょうい》がまき散らしたナパーム剤がこびり付き燃え上がった。火の海を見た生徒らは、校門を飛び出した。服部は半ば反射的に通学路と逆の左に曲がった。これが生死を分けた。右に曲がっていたら、火の壁が四方に立ちふさがり、行き場を失っていたことを後に知った。

炎上する民家をよけながら必死で逃げた。学校から2キロほど離れた公園でわれに返ると周りは誰もおらず、煤《すす》で真っ黒になった雨に打たれていた。交差点では警察官がずぶぬれになりながら遺体を整理していた。

その後、近所の人から家族が大阪城に避難していることを聞き、急いで向かった。家族は城内の公衆便所の軒下にいた。父は顔や手に大火傷《やけど》を負い、包帯でぐるぐる巻きだった。

結核を患い、6年も療養生活を続けていた姉は大八車に横たわっていたが、服部の無事を知るとまもなく息を引き取った。末期の水は便所の手洗い場から取り、姉の遺体を斎場に運んだ。

それでも姉を火葬し遺骨を持ち帰ることができただけでも幸いだった。次の空襲で斎場は焼失してしまい、その後は焼け跡で遺体を野積みして荼毘《だび》に付すようになったからだ。

「誰のものとも分からない遺骨を抱いて大阪を去る人が多かった。彼らの悲痛は察するに余りある。思い出すのもつらい……」

服部らはその後、淡路島に疎開したが、父の火傷は重傷で治療のかいなく9カ月後に息を引き取った。

終戦前日にも1トン爆弾800発

1945年3月10日の東京大空襲を機に、軍需工場を狙った精密爆撃から市街地への無差別爆撃に切り替えた米軍は、同じ手法で次々に都市部を破壊していく。

東京大空襲・戦災資料センターのまとめでは、先の大戦で空襲や艦砲射撃などの攻撃を受けた市町村は831。広島、長崎の原爆を含めると犠牲者数は41万人超。その多くが女性や幼児を含む一般人だった。

商業・工業の中心地だった大阪市域は東京に次ぐターゲットとなった。米軍は45年3~8月、大阪市域を中心に大規模な空襲を8回実施。小規模を含めると空襲は約50回もあり、死者・行方不明は推計1万5千人に上った。

大阪城も重要な標的だった。城内に陸軍第4師団司令部があり、東には「アジア最大級の軍事工場」と呼ばれた陸軍大阪砲兵工廠《こうしょう》が広がっていたからだ。

終戦前日の8月14日は朝から晴れ渡っていた。「今日も暑くなりそうだ……」。6月に19歳で陸軍に入隊したばかりの藤田義雄はそう思いながら天守閣で待機していた。

突然、爆発音と強烈な地響きが体を突き抜けた。砲兵工廠を狙った1トン爆弾がそれ、天守閣の数メートル横に着弾したのだ。慌てて毛布で頭を覆った。

第2波のＢ29が頭上に見えた。「爆弾が落ちてくる」と直感し、伏せると同時にズドーンという爆音と地響きにのみ込まれた。

上官に地下防空壕への避難を進言したが、「もはやどこへ行っても同じだ」と動こうとしない。一人で天守閣から抜け出した藤田は、コンクリート造りの航空通信庁舎の前に人だかりを見つけた。建物に逃げ込もうとする兵隊たちを下士官が怒鳴り上げた。

「お前たちはここに入ってはならん！」

藤田は庁舎の裏手で小さな出入り口を見つけた。幸運にもドアは開いた。中は空襲とは別世界のような静かな大部屋だった。映画館のようなスクリーンに近畿地方の地図が映し出され、赤や青のランプが点滅していた。敵機の移動や爆弾投下の表示だった。女子防空通信隊員が操作する様子を藤田は放心状態で眺めていた。

爆撃がやみ、恐る恐る天守閣の頂上に上ると、巨大な砲兵工廠は見る影もなかった。崩れ落ちた建物の鉄骨がぐにゃりと曲がり、屋根には無数の弾痕が残っていた。「日本はもう戦いに敗れたんやな……」。藤田はしみじみそう思った。

米軍は大阪砲兵工廠の爆撃にB29約150機を投入し、焼夷弾ではなく1トン爆弾843発を投下した。この爆弾は長さ約180センチ、直径約60センチもあり、半径150メートル内の人を即死させる破壊力を持つ。596万平方メートルもあった砲兵工廠は、この爆弾で8割以上が破壊され、数十メートルのクレーターが無数にできた。犠牲者は工廠内だけで382人に上った。

すでに広島、長崎に原爆が投下され、日本の敗戦は秒読み段階だった。なぜこれほどの爆撃を行ったのか。そこには「占領前に日本の軍事力・工業生産力を限りなくゼ口にしよう」という米軍の思惑が透けてみえる。

原爆は戦争ではなく虐殺だ

1945年8月6日午前7時45分、22歳だった第343海軍航空隊（通称・剣《つるぎ》部隊）少尉、本田稔は、兵庫県姫路市の川西航空機（現新明和工業）で真新しい戦闘機「紫電改」を受け取り、海軍大村基地（長崎県大村市）に向けて飛び立った。

高度5千メートル。抜けるような青空が広がり、眼下には広島市の街並み、そして国宝・広島城が見えた。

その瞬間だった。猛烈な衝撃にドーンと突き上げられたかと思うと紫電改は吹き飛ばされた。操縦桿《かん》は全く利かない。必死に機体を立て直しながら地上を見て驚いた。

「街がない！」

広島の街が丸ごと消えていた。傾いた電柱が6本ほど見えるだけで後はすべて瓦礫《がれき》。炎も煙もなかった。

やがて市中心部に真っ白な煙が上がり、その中心は赤黒く見えた。白い煙は猛烈な勢いで上昇し、巨大なきのこ雲になった。

「弾薬庫か何かが大爆発したのか？」

そう思った本田は大村基地に到着後、司令部に事実をありのまま報告したが、司令部も何が起きたのか、分からない状態だった。

正体は原子爆弾だった。

米軍B29爆撃機「エノラゲイ」は高度9600メートルからウラン型原爆「リトルボーイ」を投下、急旋回して逃げ去った。午前8時15分、リトルボーイは地上600メートルで炸裂《さくれつ》した。閃光《せんこう》、熱線に続き、超音速の爆風が発生した。

本田が見たのは、この爆風で廃虚と化した広島の街だった。この後、大火災が発生し、この世の地獄と化した。

本田が、広島に米軍の新型爆弾が投下されたことを知ったのは2日後の8月8日だった。翌9日、大村基地から大村湾を隔てて15キロ南西の長崎市で再び悲劇が起きた。

9日午前11時2分、B29「ボックスカー」はプルトニウム型原爆「ファットマン」を長崎市に投下した。第1目標は小倉（現北九州市）だったが、視界不良のため長崎市に変更したのだ。

広島と同様、空襲警報は発令されず、大村基地にも「敵機接近」との情報はもたら

原爆投下約1時間後の原子雲　爆心地から80キロ離れた瀬戸内海の上空で米軍機が撮影（1945年8月6日）

されなかった。

本田は食堂で早めの昼食を食べていた。突如、食堂の天幕が激しく揺れ、基地内は大騒ぎとなった。

まもなく上官が本田らにこう命じた。

「長崎に猛烈な爆弾が落とされて病院はすべてダメになった。収容できない被害者を貨車で送るから大村海軍病院に運んでほしい」

本田は手の空いている隊員20人を率いて海軍病院に向かった。

海軍病院前にはすでに貨車が到着していた。扉を開けると数十人が横たわっていた。だが、体は真っ黒で髪もなく、服も着ていない。男女の区別どころか、顔の輪郭も分からない。息をしているかどうかも分からない。

「とにかく病院に運ぼう」。そう思い、担架に乗せようと1人の両腕を持ち上げるとズルッと肉が骨から抜け落ちた。

甲種飛行予科練習生（予科練）を経て海軍に入った本田は41年の日米開戦以来、インドネシア、トラック諸島、ラバウルなど各地で零式艦上戦闘機（零戦）の操縦桿を握り続けた。ガダルカナル島攻防では、盲腸の手術直後に出撃し、腹からはみ出した腸を押さえながら空戦したこともある。本土防衛の精鋭として剣部隊に配属後も、空が真っ黒になるほどのB29の大編隊を迎え撃ち、何機も撃墜した。この間に何人もの戦友を失った。

そんな百戦錬磨の本田も原爆の惨状に腰を抜かした。

「地獄とはこういうものか……」

剣部隊司令で海軍大佐の源田実（後の航空幕僚長、参院議員）は本田にこう語った。

「もし今度、新型爆弾に対する情報が入ったら俺が体当たりしてでも阻止する。その時は一緒に出撃してくれるか」

本田は「喜んで出撃します」と返答したが、その機会は訪れることなく8月15日に終戦を迎えた。

戦後、本田は航空自衛隊や三菱重工に勤め、テストパイロットとして操縦桿を握り続けた。90歳を越えた今も広島、長崎の悲劇を忘れることはない。そして原爆搭載機に向かって出撃できなかった無念もなお晴れることはない。

「長崎の人たちには本当に申し訳ないと思っています。本土防衛の役目を担った私たちがあんなに近くにいたにもかかわらず……」

本田は涙をにじませ、こう続けた。

「戦争というのは軍人と軍人の戦いのはずだ。だから原爆は戦争じゃない。非戦闘員の真上で爆発させるんですから。虐殺ですよ」

トルーマンは原爆投下ありきだった

1945年7月26日、第33代米大統領のハリー・トルーマンは、英首相のウィンストン・チャーチル、中国国民政府主席の蔣介石と連名で、日本政府にポツダム宣言を突きつけた。宣言は13章あるが、その趣旨は最終章に集約されている。
「われわれは日本政府が全日本軍の即時無条件降伏を宣言し、その行動を十分保障することを求める。これ以外の選択は迅速かつ完全なる壊滅あるのみ」

これは単なる脅しではなかった。米国は7月16日にニューメキシコ州のアラモゴード実験場で初の原爆実験を成功させた。「完全なる壊滅」とは原爆投下を意味したのだ。

トルーマンのこの時期の言動を追うと、日本への「原爆投下ありき」で動いていたことが分かる。

トルーマンは、知日派の国務長官代理、ジョセフ・グルーの進言を通じて「国体護持」(天皇の地位保全)さえ保証すれば、日本が降伏すると踏んでいた。にもかかわらず、陸軍長官、ヘンリー・スティムソンが作成したポツダム宣言の草案から「天皇の地位保全」条項を削ってしまった。日本があっさりと降伏すれば、原爆投下のチャンスが失われると考えたからだとみるのが自然だろう。

ポツダム宣言は、7月17日〜8月2日にベルリン郊外のポツダムで行われたトルーマン、チャーチル、ソ連共産党書記長のヨシフ・スターリンとの会談の最中に発表された。

すでにソ連は対日参戦に向け、着々と準備を進めていたが、スターリンは名を連ねていない。当時、日本外務省と在ソ大使館の暗号電文は解読されており、日本が日ソ中立条約を信じてソ連に和平の仲介役を求めてくることが分かっていたからだ。トルーマンも、その方が原爆投下まで時間を稼げると考えたようだ。

第32代米大統領、フランクリン・ルーズベルトが、軍と科学者を総動員して原爆製造の「マンハッタン計画」をスタートさせたのは42年8月だった。当初はドイツへの使用を想定していたが、44年9月には日本に変更した。

秘密主義者のルーズベルトは、副大統領だったトルーマンにも計画を教えなかった。45年4月12日にルーズベルトが死亡し、後を継いだトルーマンはスティムソンから計画を聞かされ、さぞ驚いたに違いない。

すでに原爆は完成間近で4月27日の目標検討委員会の第1回会合では、日本の17都市を「研究対象」に選定した。5月11日の第2回会合では、京都、広島、横浜、小倉の4カ所を目標に選んだ。原爆の効果を正確に測定するため、4都市への空襲は禁止された。

7月に入ると、B29爆撃機による投下訓練が始まり、ファットマンとほぼ同一形状、同一重量の爆弾「パンプキン」が目標都市周辺に次々と投下された。

米公文書によると、米軍内で広島、小倉、新潟、長崎のいずれかに原爆を投じるよう命令書が出たのは7月25日だった。ということは、トルーマンはポツダム宣言発表前に原爆投下を命じていたことになる。

トルーマンはなぜこれほど日本への原爆投下にこだわったのか。

ポツダム宣言発表時、海軍の戦艦、空母など主力部隊は壊滅に近く、制空権、制海権はほぼ失われ、日本陸海軍は戦闘機による特攻などでわずかな抵抗を続けているにすぎなかった。

B29爆撃機はほぼ連日空襲を続け、ほとんどの都市は焼け野原と化し、首都・東京も市街地の5割強が焼失。原爆を使用せずとも降伏は時間の問題だった。

米政府内でもスティムソンやグルー、海軍長官のジェームズ・フォレスタル、陸軍参謀総長のジョージ・マーシャルらは原爆投下に反対していた。太平洋艦隊司令長官のチェスター・ニミッツや、太平洋陸軍総司令官のダグラス・マッカーサーは原爆の存在さえ知らなかった。トルーマンに同調したのは国務長官のジェームズ・バーンズだけといってもよい。

それでもトルーマンを原爆投下に突き進ませたのは、ルーズベルトが45年2月にスターリンと結んだヤルタ密約の存在が大きい。

スターリンは、ルーズベルトに対し、ドイツ降伏後3カ月以内にソ連が日ソ中立条約を破棄して対日参戦に踏み切ることを約束。見返りとして南樺太や千島列島の引き渡しや、満州の鉄道・港湾権益を要求した。

そもそも日米が開戦に至る対立は満州・中国での権益争いに始まったことを考えると本末転倒だといえるが、すでに病が悪化していたルーズベルトはスターリンにまんまと乗せられた。

トルーマンは大統領就任後、金庫から出てきたヤルタ密約を見て驚愕《きょうがく》したという。ポーランドやドイツの統治をめぐってもソ連との対立はすでに顕在化していた。トルーマンは「戦後のソ連との覇権争いで優位に立つには原爆しかない」と考えたとみられる。

こうして8月6日、広島に原爆が投下された。慌てたソ連は8日に日本に宣戦布告。

9日には長崎に原爆が投下され、2都市で計21万人の尊い命が失われた。日本政府は、昭和天皇の聖断により、14日深夜にポツダム宣言を受諾した。

広島への原爆投下をマニラで知ったマッカーサーは記者にこう語った。

「これであらゆる戦争は終わった。戦争はもはや勇気や判断にかかわる問題ではなくなり、科学者の手に委ねられた。もう戦争は起こらないのだ」

トルーマンは死ぬまで自らの行為を正当化し続けた。58年2月、米テレビで原爆投下についてこう語った。

「日本への上陸作戦には150万人の兵力が必要で25万人が戦死すると推定された。だから強力な新兵器を使用するのに何ら良心の呵責《かしやく》を感じなかった。夜もぐっすり眠れた……」

8月6日は政治アピールの日か

2015年8月6日の広島は70年前と同じ雲一つない夏空が広がった。原爆投下時刻と同じ午前8時15分、広島市では至る所でサイレンが鳴り響き、多くの人が頭を垂れた。平和記念公園では平和の鐘が厳かに鳴り、「原爆死没者慰霊式・平和祈念式」（平和記念式典）の参列者約5万5千人（市発表）が黙祷《もくとう》をささげた。

「1発の原子爆弾により十数万もの貴い命が奪われ、街は廃虚と化しました。一命をとりとめた方々にも言葉に尽くしがたい辛苦の日々をもたらしました。被爆70年を迎え、私は改めて平和の尊さに思いを致しています」

首相、安倍晋三は式典でこう語り、犠牲者に哀悼の意をささげた。被爆者の平均年齢はついに80歳を超えた。原爆の惨禍を代々に語り継いでいくためにも8月6日の祈りは欠かせない。

だが、式典会場の外は少し様相が違った。

午前7時、元安川の対岸にある原爆ドーム前には「戦争法阻止！　再稼働反対！　ヒロシマの怒りで安倍を倒せ」と記した幅10メートルの横断幕が掲げられ、男女500人が集結した。

「婦人民主クラブ」「関西合同労組」「京大同学会」などののぼりがたなびく中、男女が次々にマイクを握り、怒声を上げた。

「戦争を進めようとする安倍は人間じゃない。命を冒瀆《ぼうとく》する安倍政権を絶対に許さない！」「安倍が原発再稼働のスイッチを押した瞬間、『おまえはもう死んでいる』と言いたい」「安倍を広島からたたき出す日にしよう」──。

周辺は多数の警察官が警戒にあたり、物々しい雰囲気だった。制服姿の高校生が核兵器廃絶を求める署名集めをしていたが、その呼びかけも集会のマイク音にかき消された。集会が終わると、参加者は「安倍を倒せ」「原発をなくせ」などとシュプレヒコールを上げ、デモ行進した。

平和記念公園では、他にも複数の団体が政治アピールを続けた。

原爆投下時刻の8時15分には「ピースサイクル」など複数の護憲団体のメンバー百数十人が路上にいきなり寝転がった。抗議行動「ダイ・イン」。よく見ると寝転んだままスマホをいじっている男性もいた。

そんな喧噪《けんそう》の中、89歳の男性は原爆ドーム前の慰霊碑に手を合わせた。親類や友人を原爆で亡くし、毎年続けているという。

「今日は静かに祈りをささげる日。県外から来てやかましくされるのは困ります。ここ数年は特にやかましいね……」

残念ながら被爆者団体にも慰霊より政治アピールを優先する動きがある。

安倍は式典終了後、広島市内のホテルで被爆者団体代表者らと面談した。被爆者援護施策などを陳情する場だが、広島被爆者団体連絡会議事務局長の吉岡幸雄はいきなり安保法案の批判を始めた。

「憲法の破壊は日本を戦争する国に変え、再び戦争の悲劇を招く。原爆死没者が安らかに眠れるよう重ねて法案の撤回を求めます」

広島県労働組合会議被爆者団体連絡協議会事務局長の中谷悦子も「戦争の結果として原爆があった。国民を戦争に巻き込む恐れのある安保法案の即時断念を願います」と詰め寄った。

安倍は「国民の命と平和な暮らしを守るために平和安全法案は必要不可欠です。これからも丁寧に分かりやすい説明を行いたい」と応じたが、2人は納得できない様子だった。

いつから8月6日は政治アピールの日に変わってしまったのか。

米国の核は汚れているが、ソ連の核はきれい

1945年8月6日、当時3歳だった中尾建三は爆心地から3・1キロの郵便局に母親とおり、幸い大きなけがはなかった。数時間後、市街地で被爆した住民がぞろぞろと帰ってきた。ひどい火傷《やけど》を負い、多くが泣いていた。

翌7日、母親は市街地に住む妹を心配して見に行ったが、一帯は火の海で近づけなかった。妹は倒壊した家屋の下敷きとなり、幼い子供2人を抱きながら炎にまかれ死亡したという。中尾の隣家の女学生も大火傷を負い、「痛い、痛い」という声が昼夜

続いたが、数日後に途絶えた。

市民の多くがこのようなつらく悲しい経験をしたが、戦後しばらくは生きていくのがやっと。反核平和運動は盛り上がらなかった。24年に開かれた平和市民集会は300人規模にすぎない。それが終戦から9年後、ある事件を契機に運動に火が付いた。

54年3月1日未明、米国が南太平洋のビキニ環礁で水爆実験を行い、近くで操業中だった日本の遠洋マグロ漁船「第五福竜丸」が被爆、無線長の久保山愛吉が半年後に死亡した。

「魚が食べられなくなる」という風評が広がり、客足の途絶えた東京都杉並区の魚商が、原水爆禁止を求めて署名活動を開始すると瞬く間に広がった。

翌55年8月6日に広島市で開かれた第1回原水爆禁止世界大会には5千人超が参加、政党・宗派を超えて核廃絶に取り組むことを宣言した。原水爆禁止を求める署名は日本で3238万人、世界で6億7千万人分集まったと報告された。

大会終了後、実行委員会は「原水爆禁止日本協議会」(原水協)と名称変更し、翌56年には長崎で第2回大会を開いた。

だが、共産、社会両党の主導により、反核平和運動が政治運動へと変質するのに時間はかからなかった。

60年の日米安保条約改定では、原水協は、社会党と総評（日本労働組合総評議会）が主導する安保改定阻止国民会議に加わり、安保闘争の中核を担った。同年に東京で開いた第6回大会では「帝国主義的政策をとる勢力など平和の敵を圧倒するため団結し戦おう」と宣言。保守系団体は運動から離れていった。

東京の大学に通っていた中尾は、下宿までオルグに来た同級生に「米国の核は汚れた核だが、ソ連の核はきれいな核だ」と真顔で諭され、あきれた。

「米ソの核が違うわけない。バカじゃないか……」

原水協では、イデオロギー色が強まるにつれ、内部対立が深刻化した。

まず民社党・同盟（全日本労働総同盟）系が、共産党の主導に反発して脱退。51年11月に「核兵器禁止平和建設国民会議」（核禁会議）を結成し、被爆者支援を活動の中心に据えた。

民社党系が抜けた原水協では、共産党系と社会党・総評系の主導権争いが本格化した。

61年10月、ソ連が核実験を再開したが、共産党が社会主義国の核実験を容認したこともあり、原水協は抗議しなかった。これに社会党・総評系が反発し、63年の第9回大会をボイコット。65年2月には「原水爆禁止日本国民会議」（原水禁）を立ち上げた。

だが、ソ連礼賛は社会党も同じ。実態は社共の主導権争いにすぎなかった。こうした政治色むき出しの分裂劇は、純粋に核兵器廃絶を望む人々を白けさせ、運動は急速にしぼんだ。

81年、第40代米大統領のロナルド・レーガンの「欧州での限定核戦争はありうる」という発言を受け、欧州で反核平和運動が盛り上がった。これに乗じて総評が82年3月21日、幅広い人々の結集をうたって「平和のためのヒロシマ行動」を開くと、主催者発表で19万人も集まった。

会場の一角には、希望者が平和への思いを訴える「スピーチ広場」が設けられた。初めこそ核兵器廃絶を願うスピーチが続いたが、途中から「戦争政策を進める日帝と資本主義の搾取の廃絶に向けて戦おう」などというアジ演説ばかりとなった。

広島大医学部の学生だった秀道《ひで》広は「こんな政治宣伝が被爆地の主張として発信されるのは許せない」と思い、意を決して演壇に上がった。

「私は広島で生まれ育った被爆2世だが、今日の集会にはがっかりした。米国の核と日本の歴史に対する悪口ばかり。核兵器に反対するなら日本に向けられているソ連の核ミサイルにも反対すべきではないか」

すると「右翼は帰れ」とやじが飛び、大会関係者に腕をつかまれ、壇上から引きずり下ろされた。これがメディアが「党派を超えた大衆運動の再来」と礼賛した集会の実態だった。

「これまでの安全神話を深く反省し、原発に依存しない社会を目指します」

東京電力福島第1原発事故から5カ月後の2011年8月6日、広島の平和記念式典で首相の菅直人は胸を張った。9日の長崎の式典でも同じ言葉を述べた。

菅が式典で脱原発を持ち出した波紋は大きかった。

原水禁と核禁会議、連合の3者が「核兵器廃絶」の1点で手を組み、広島・長崎で共催してきた11年の平和大会で、原水禁議長の川野浩一は「原発が事故を起こしたら核兵器と同じように放射能被害をもたらす」とあいさつした。

これに核禁会議は「大会趣旨を逸脱した」と反発し、13年以降の共催を断った。核禁会議長崎議長の松尾敬一は「核兵器廃絶を世界に訴える場を相も変わらず政治運動に利用するとは」と嘆いた。

12年の平和記念式典では、菅と同じ民主党の野田佳彦が首相として出席したが、会場には「関電大飯原発の再稼働をやめろ。野田は帰れ！」とスピーカーの怒声が響いた。

医師となり、「平和と安全を求める被爆者たちの会」代表として地道な活動を続ける秀はこう語った。

「被爆地の復興は苦しみを乗り越え、黙々と働き続けた人たちによってもたらされたんです。反米反日は関係ない。先人への感謝の気持ち、犠牲者を慰霊する心があるならば8月6日に政治問題を騒ぎ立てることなどあり得ないはずです」

日系米国人が迎えた敗戦

1945年8月14日(日本時間15日)、26歳だったカリフォルニア州ストックトン出身の日系2世、ススム・イトウは、独ミュンヘン近くの兵営のラジオ放送で日本の降伏を知った。

「ああ、やっと戦争が終わったのか……」

うれしくないわけではないが、大喜びする気にもなれない。そんな複雑な気持ちだった。

5月8日のドイツ降伏後、イトウが気がかりだったのは、対日戦への転戦を命じられることだった。両親の母国であり、親族が日本軍にいると聞いていたからだ。

41年12月7日(日本時間8日)の真珠湾攻撃を受け、第32代米大統領のフランクリン・ルーズベルトは米議会で「合衆国は日本軍の意図的な攻撃に突然さらされた。12月7日は屈辱の日となった」と演説し、宣戦布告を求めた。米国では「リメンバー・パールハーバー」が合言葉となった。

42年2月19日、ルーズベルトは大統領令9066号を発し、陸軍省に強制的な立ち退きを命じる権限を与えた。これにより、米西海岸のカリフォルニア、オレゴン、ワシントン各州の日系人約12万人は「敵性外国人」として10カ所の収容所に送られた。

日系1世は「2つの祖国」のどちらに忠誠を誓うか迫られた。日系2世は父母の誤解を解くためにも次々に軍を志願した。陸軍情報部（MIS）で日本語の翻訳や通訳に従事する者も多かったが、イトウは「兵士は危険を冒して戦うものだ」と考え、40年に陸軍に入隊。士官以外はほとんど日系人で構成される第442連隊戦闘団隷下の第522野戦砲兵大隊に弾着観測手として配属され、欧州戦線に送られた。

44年10月のテキサス大隊救出作戦にも従事した。フランス東部で独軍に包囲された米兵211人を救うために442連隊は216人が戦死、600人以上が負傷した。522大隊から作戦に加わり、無傷だったのはイトウら25人だけだった。日系人部隊の犠牲を厭《いと》わぬ米国への忠誠心の裏側には、収容所にいる父母や兄弟への思いがあったに違いない。

イトウは、母が「武運長久」を祈って縫ってくれた千人針を制服の胸ポケットに入れて戦った。母を心配させまいと自動車整備の任務とうそをつき、平和な写真ばかりを手紙に添えた。

現在96歳になるイトウはこう語った。

「母の千人針が私を帰還させてくれた。それ以外、私の幸運を説明するすべはありません……」

第42代米大統領のビル・クリントン、第43代大統領のジョージ・ブッシュの2代で商務、運輸両長官を務めたノーマン・ミネタも42年、ワイオミング州ハートマウンテンの収容所に送られた。

父が語学兵養成の任務に就いたため、ミネタ一家は終戦前に収容所を出ることができたが、兄のアルバートはMIS語学兵としてフィリピンに向かった。静岡県に住む両親の親族たちの消息も気がかりだった。

45年8月14日、終戦を知った時の母の安堵《あんど》の表情をミネタは今も覚えている。

「8月14日は私たちにとっても特別な日です。連合国が日本を破ったというニュースがラジオで繰り返し流されました。私はとてもうれしかった……」

カリフォルニア州ロサンゼルス市からモハーベ砂漠を車で4時間。シエラネバダ山脈を望む荒涼とした大地に大戦中、マンザナー収容所が作られ、1万人以上の日系人が収容された。

収容所は鉄条網に覆われ、監視塔から銃を手にした看守が目を光らせた。ここに建立された慰霊碑に刻まれた「満砂那」という当て字が、ここでの生活の過酷さを物語る。

日系人収容所はこのような不毛な地に作られた。

サンフランシスコ市出身のマリー・ムラカミは家族とともにユタ州の砂漠にあるトパーズ収容所に送られた。ムラカミ家7人にあてがわれたのは、すきま風が吹きすさぶバラックの2部屋。隣室と隔てる壁は天井に届かず、隣人のささやき声まで聞こえた。

支給されたのは家族7人分の軍用寝台と毛布、石炭ストーブだけ。テーブルや机などは廃材で自ら作った。食事はパンが主食の米国流で子供だけで食堂で食べ、家族そろって食事できるのは日曜日だけだった。

そんなある日、ジェームズ・ハツアキ・ワカサが看守に射殺された。63歳の日系1世だった。鉄条網に近付きすぎ、看守が制止したが、きつい南部なまりを理解できなかったのだ。言葉も生活も米国流で育てられ、白人とともに育ったムラカミは生涯忘れぬショックを受けた。

父が農場で得る給与は月19ドル。生活は苦しくバラックの周りでモヤシを作った。土壌が悪く野菜が育たないため、水だけで育つモヤシは貴重だった。ムラカミの母は日本語でこう繰り返した。

「我慢して。仕方がないんだから……」

年を経るにつれ、収容所の生活は次第に改善されていったが、カリフォルニア州など西海岸諸州では終戦の年まで日系人が解放されることはなかった。

43年2月、収容所の日系人に米政府から質問状が届いた。

《質問27》あなたは進んで合衆国軍隊のため、どこでも命令された場所で戦闘任務につきますか？

《質問28》あなたは合衆国に無条件の忠誠を誓い、日本の天皇や外国政府、組織へのいかなる形の忠誠も否定すると誓いますか？

日系人の米国への忠誠心を確認するための「忠誠登録」だった。

いずれ日本に帰ろうと思っていた人や、収容所の不当な扱いに不満があった人たちは2つの質問に「ノー」と答えた。いわゆる「ノーノー組」は、寒さの厳しいカリフォルニア州北部のツーリレイク収容所に送られた。

「朝からみんなハチマキをして『ワッショイ、ワッショイ』と訓練するんです。日本に帰ったらお国のために尽くさなければならないと思ったのでしょう」

現在ワシントン郊外に住むレイコ・マツモトはツーリレイクでの生活をこう振り返る。

マツモトの父、大舘誓《ちこう》は浄土真宗の開教師として広島からハワイに渡り、真珠湾攻撃の翌日、連邦捜査局（ＦＢＩ）に逮捕された。他の地域のリーダー格と同様に日本政府や軍との関係を疑われたからだった。

一家が再会するのは43年6月、アーカンソー州ジェローム の収容所だった。ところが、大舘は忠誠登録で「ノー」と答え、44年8月にツーリレイク送りとなり、家族全員そこで終戦を迎えた。大舘はお寺の次男坊。いずれ日本に帰るつもりだったので「裏切り者」になりたくなかったのだ。

だが、娘らは違った。マツモトは8月14日にラジオで日本の敗戦と終戦を知り、「米国人として本当にうれしかった」。大舘は終戦直後、赤十字社から原爆で実家の寺が全壊し、母も犠牲になったことを知り、帰国をあきらめた。

終戦後も米国での日系人への差別と偏見は続いた。そんな中、第４４２連隊戦闘団はこれを払拭するのに大きな役割を果たした。

「諸君は敵だけではなく偏見とも戦った。そして勝利した！」

日本嫌いで知られた米大統領、トルーマンでさえ、46年7月にワシントンで第442連隊をこうねぎらった。

だが、本当の名誉回復は第40代大統領のロナルド・レーガンの登場を待たねばならなかった。レーガンは88年、「市民の自由法」に署名、大戦中の日系人収容の誤りを認めて謝罪し、補償を約束した。

2011年には、第442連隊戦闘団など日系人部隊に、米国で最も権威がある勲章の一つである議会金メダルが贈られた。

その陰には、市民の自由法制定に奔走した日系人初の上院議員、ダニエル・イノウエ（故人）をはじめ、戦後も一貫して米国社会に貢献してきた日系人の地道な努力があったことは言うまでもない。

ソ連軍の非道さ、残虐さは際立っていた

1945年8月9日午前、満州北部・瑷琿《あいぐん》（現黒竜江省）にソ連軍機3機が黒竜江（アムール川）対岸のソ連領から低空で現れ、国境を越えた。

「ソ連側から不明機が侵入！」

国境監視所にいた関東軍第135独立混成旅団伍長、安田重晴は司令部に至急一報を入れた。

国境警備の任務について3年になるが、こんなことは記憶にない。精鋭だった関東軍も44年以降、多くの将兵が太平洋戦域に転属となり、くしの歯が欠けたような状態だった。対米戦の苦境も聞いていたが、それでも日ソ中立条約を結ぶソ連が満州に侵攻してくるとは思っていなかった。

11日、監視所がソ連軍の攻撃を受けた。安田は闇に紛れて20キロ離れた旅団司令部を目指した。司令部は強固な地下要塞だったが、すでに激しい戦闘が繰り広げられていた。

合流した安田は仲間と「とにかく敵の侵攻を食い止めねばならない」と玉砕覚悟の戦いを続けた。結局、安田ら生き残った日本軍将兵が武装解除に応じたのは22日だった。

45年2月、クリミア半島のヤルタで、ソ連共産党書記長のヨシフ・スターリンは、第32代米大統領のフランクリン・ルーズベルトに対して、ドイツ降伏後3カ月以内に日ソ中立条約を破棄して対日参戦することを約束。見返りとして南樺太や千島列島の引き渡しや満州の鉄道・港湾権益を要求した。

この密約に従い、日本時間の8月9日午前0時、極東ソ連軍総司令官で元帥のアレクサンドル・ワシレフスキー率いる80個師団約157万人が3方向から満州に同時侵攻した。スターリンはもともと11日の侵攻を命じたが、6日の米軍による広島への原爆投下を受け、予定を2日早めたのだった。

ソ連軍は対日戦の準備を周到に進めており、T—34など戦車・自走砲は5556両、航空機は3446機に上った。

これに対する関東軍は24個師団68万人。戦車は200両、航空機は200機にすぎず、その戦力差は歴然としていた。

ソ連軍侵攻を知った関東軍総司令官で陸軍大将の山田乙三は8月9日午後、出張先の大連（現遼寧省大連市）から満州国の首都・新京（現吉林省長春市）の総司令部に戻ると、皇帝の愛新覚羅《あいしんかくら》溥儀《ふぎ》に拝謁した。

「陛下、総司令部は近日中に、朝鮮との国境近くの通化（現吉林省通化市）に転進いたします」

山田は、満州国政府を、通化近くの臨江（現吉林省臨江市）に遷都することも提案した。満州国政府内には「国民とともに新京にとどまるべきだ」との声もあったが、溥儀は13日に臨江近郊に移った。

山田は、撤退により持久戦に持ち込む考えだったが、これには関東軍内にも異論があった。当時、満州にいた民間の在留邦人は約155万人。男は大半が軍に臨時召集されていたので女や子供、老人ばかりだった。その多くが突然のソ連軍侵攻で大混乱に陥っており、避難が進まない中で軍が撤退すれば、民間被害が拡大する公算が大きかった。

満州西部を守る第3方面軍司令官で陸軍大将の後宮《うしろく》淳は、邦人が避難する時間を稼ぐため、玉砕覚悟で方面軍をソ連軍の進撃路に集中させようとしたが、結局、作戦参謀らに説き伏せられて断念した。もし後宮が自らの作戦を決行していれば、邦人被害はもう少し防げたかもしれない。

伝令のため新京の関東軍総司令部を訪れた独立歩兵第78部隊第1中隊少尉、秋元正俊は目を疑った。すでに総司令部は通化に撤退しており、残っているのは数人の下士官だけ。幹部将校の姿はどこにも見当たらなかったからだ。

「無責任極まりない……」

秋元は怒りに震えた。秋元らの中隊は、ソ連軍の戦車攻撃に備え、中隊を挙げて「布団爆弾」の準備を進めていた。

布団爆弾とは、30センチ四方の10キロ爆弾を背中に背負って地面に掘った穴に潜り、戦車に体当たりをするという「特攻」だった。

「ソ連の巨大な戦車に対抗するには自爆しかない」という上官の言葉に異を唱える者は一人もおらず、秋元自身も「最後のご奉公」との思いで穴を掘り続けた。にもかかわらず総司令部が早々に撤退したのは、納得できなかった。

緊張と失望が入り交じる中で迎えた14日夜、上官がこう告げた。

「明日正午、玉音放送がある。日本は無条件全面降伏するらしい」

秋元は動揺した。「勝利を信じて戦ってきたのに。日本はどうなるのか……」。結局、中隊は翌15日に新京で武装解除に応じた。

武装解除を拒否して戦い続けた部隊もあった。

黒竜江省最東端の虎頭《こと》要塞では、ソ連軍2個師団2万人以上に包囲される中、第15国境守備隊約1500人が、避難邦人約1400人とともに立て籠もり、壮絶な戦闘を続けた。

結局、主陣地は19日夜に約300人の避難邦人とともに自爆した。他の陣地も「最後の突撃」を敢行し、26日に虎頭要塞は陥落した。生存者はわずか50人ほど。これが日本軍の最後の組織的な戦闘となった。

ソ連軍の非道さ、残虐さは他国軍と比べて際だっており、各地で虐殺や強姦《ごうかん》、略奪など悲劇が続いた。

8月14日、満州北東部の葛根廟《かっこんびょう》（現内モンゴル自治区）では、避難中の満蒙開拓団の女性・子供ら約1200人が、戦車14両とトラック20台のソ連軍と鉢合わせした。白旗を上げたにもかかわらず、ソ連軍は機関銃掃射を行い、さらに次々と戦車でひき殺した。死者数1千人超、200人近くは小学生だった。

この惨事を第5練習飛行隊第1教育隊大虎山《だいこさん》分屯隊の偵察機操縦士が上空から目撃した。怒りに燃えた同隊の有志11人は、総司令部の武装解除命令を拒否し、ソ連軍戦車への特攻を決行した。その一人だった少尉、谷藤徹夫は、愛機に妻、朝子を同乗させ飛び立った。谷藤の辞世の句が今も残っている。

「国破れて山河なし　生きてかひなき生命なら　死して護国の鬼たらむ」

敦化《とんか》（現吉林省）でも悲劇が起きた。武装解除後の8月25〜27日、パルプ工場に進駐したソ連軍が女性170人を独身寮に監禁し、強姦や暴行を続け、23人を自殺に追い込んだのだ。

麻山《まさん》（現黒竜江省）では8月12日、哈達河《こうたつが》に入植していた満蒙開拓団約1千人が、ソ連軍などに銃砲撃を受けた。逃げ場をなくした団員らは集団自決を遂げ、死者数は400人を超えた。

ソ連軍侵攻により、32年3月1日に建国された満州国は13年5カ月余りで消滅した。多くの日本人が「五族協和」「王道楽土」の理想郷を夢見て、満州に入植し、未開の大地に街や鉄道、工場などを次々に整備した。08（明治41）年の満州の人口は1583万人だったが、建国時ではすでに2928万人に膨れあがり、40年時点で約210万人の日本人が居住していた。

だが、ソ連軍侵攻により、入植した人々は塗炭の苦しみを味わうことになった。満州からの民間の引き揚げ者数は127万人。軍民合わせて約24万5千人が命を落とした。

悲劇はそれだけではなかった。満州や樺太などにいた日本人将兵約57万5千人はシベリアなどで強制労働に従事させられ、1割近い5万5千人が極寒の地で命を落とした。

シベリア抑留者がつくった街がある

「親父《おやじ》と同じ苦労をして亡くなった仲間がまだ何万人も残っている。その遺骨を一人でも多く帰国させることは使命だと思います」

ロシア極東・ハバロフスク地方のコムソモリスク・ナ・アムーレ郊外。針葉樹の森を分け入った一角で、青森県北津軽郡の会津博は、大量の蚊やブヨが周囲を飛び交う中、黙々と土を掘り続けた。

厚生労働省が実施する旧ソ連による抑留犠牲者の遺骨収集事業。会津は4度目の参加となる。

ロシア側の資料によると、かつて付近に第3762野戦病院があり、死亡した抑留者200人余りがここに埋葬されたという。

冬は凍土と化す厳しい気候。長い歳月を経た遺骨はきれいな状態では見つからない。500平方メートル超の埋葬地を小さく区切って掘り進め、土に不自然な変色が見つかると遺骨がないかを丁寧に確認する。今回は10日間の作業で39柱を収集し、帰還させた。会津はこう語った。

「現場を離れる時はいつも残さざるを得ない遺骨を思って涙が出るんです」

1991年から抑留者調査や遺骨収集に協力してきたガリーナ・ポタポワは、

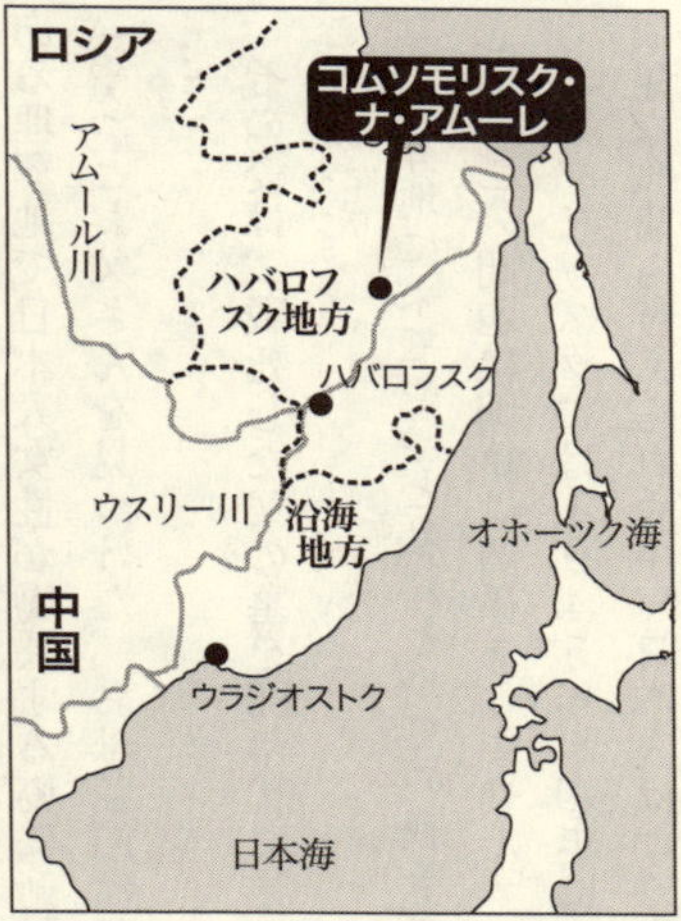

ある埋葬地で日本人女性が慟哭《どうこく》する姿に衝撃を受けた。

「やっとお父さんを見つけた。お母さんは死んだわ。ここに来られて本当によかった……」

その姿は、戦死した父の墓を80年代に見つけた時の自分と同じだった。ポタポワはこう語った。

「『埋葬地に来てやっと私にとっての戦争が終わった』と言われるのが何よりもうれしい。この問題に国籍は関係ありません」

コムソモリスクには1945年～49年にかけ、日本人約1万5千人が抑留された。満足な食事も与えられぬ中、日本人はよく働き、ホテル、学校、住宅など432の建物を建築した。

街の中心部のホテル「アムール」は内部こそ改装されたが、今もなお現役。同じく日本人が建てた2階建て集合住宅群に住む元調理師のタマーラ・ボブリクはこう語った。

「この通りの家はすべて日本人が建てたと両親から聞きました。古くはなったが、造りが大変しっかりしており、改修なしで住み続けています」

地元郷土史家のマリーナ・クジミナは「当時を知っている人は、いかに日本人が仕

抑留者たちが建設したロシア、コムソモリスク・ナ・アムーレのホテル「アムール」。日本人は学校や住宅など432の建造物を建て、その多くが今も現役で使用されている（2015年7月）

事熱心だったかを知っている。悪く言う人などいない」と説明した。

45年8月9日午前0時（日本時間）、日ソ中立条約を一方的に破棄してソ連軍80個師団157万人が満州や朝鮮、千島列島などに一斉侵攻した。日本軍の多くは15日のポツダム宣言受諾後、武装解除に応じたが、悲劇はそれで終わらなかった。

ソ連軍は、満州や朝鮮などから約57万5千人をシベリアやモンゴルなどに連行し、森林伐採や鉄道敷設などの重労働を強いた。飢えと寒さ、虐待などで約5万5千人が命を落とした。

だが、シベリア抑留はロシアではほ

とんど認知されておらず、抑留者は「軍事捕虜」と称される。この大雑把な認識はロシア人自身が、対独戦とスターリン時代の弾圧で膨大な犠牲者を出したことに根ざす。

クジミナはソ連末期、閲覧可能になったロシア人の弾圧犠牲者の資料を調べる中で「囚人」に交じって日本人が強制労働させられたことを初めて知った。

「極東は辺境なので働きたいという人は少ない。それでも国土維持のための労働力が必要だということで政治弾圧された人々が囚人として送り込まれた。ソ連政府は囚人をただ働きさせるのと同じ発想で日本人を抑留したのではないか」

ロシア政府は、日本人抑留者のうち1万5千人以上に関する資料をなお開示していない。未収集の遺骨は3万3千柱超。戦後70年を経て遺骨収集は年々困難になりつつある。

ソ連にとって捕虜は戦利品だった

十字架が並ぶ墓地、木材を積んだ汽車……。見慣れない風景だった。

「こりゃ、だまされた。日本じゃないどこかに連れて来られたぞ」

独立歩兵第62部隊上等兵、前田昌利は千島列島・幌筵島《ほろむしろ》で終戦を知った。ソ連軍がいつ島に上陸したのかは分からない。交戦で数人の死傷者が出たが、ソ連軍の通訳に

「もう戦争は終わった」と言われ、武装解除に応じた。

前田も「おかしい」とは思っていた。数週間前から連日のように米軍機が島の上空を旋回するようになったからだ。赤いマフラーの女性を同乗させ、遊覧飛行する米軍機もあった。

ソ連兵の「トウキョウ　ダモイ（帰国）」という言葉を信じ、輸送船に乗り込んだが、ナホトカ港を経由して連行された先はコムソモリスクのラーゲリ（収容所）だった。

ラーゲリでは、木材の伐採作業や線路の敷設工事を命じられた。重労働もつらかったが、もっと怖かったのは凍傷だった。鼻や耳が白くなり、壊死《えし》して黒くなると切り落とすしかない。仲間と「おーい、白いぞ」と声をかけ合い、互いにマッサージした。

時計などの持ち物はソ連兵に取り上げられた。ソ連の女性兵は日本人から奪っていた歯磨き粉をうれしそうに顔に塗っていた。ソ連兵の制服はボロボロ。缶詰には

USAの刻印があった。「ソ連もよほど物資がないんだな」と思った。

与えられた食事は黒パン1切れだけ。空腹を満たすため、ソ連兵の目を盗んでは野草をゆでて食べた。

ある日、「カエルの卵」を持ち帰った者がいた。飯盒《はんごう》に入れた卵をストーブで炊き、味付けは岩塩。仲間は大喜びで食べたが、前田はなぜか口に入れる気がしなかった。翌朝、卵を食べた者は全員死んでいた。

ラーゲリでは時折、健康診断が行われ、健康状態のよい順にA、B、Cとランク分けされ、労働内容が決まった。前田は歯肉を傷つけ、女医に血の混じった唾液を見せた。しばらくすると朝鮮に移送された。

朝鮮では食糧や衣類、家具などの船への積み込み作業に従事した。タンスや畳など日本人のものだと分かる品も多かった。極寒のシベリアよりは格段にましだったが、休む度にソ連兵にムチで尻をたたかれた。街を歩くと朝鮮人から日本語で罵声を浴びた。

「兵隊さん、日本なんて国はもうないんだぞ！」

栄養失調で鳥目となり、夜はほとんど目が見えない。作業の合間に川でヤツメウナギを捕って食べるとほんの少し回復した。

帰国できたのは1948年初夏。「船に乗れ」と言われ、着いた先は長崎・佐世保港だった。引揚援護局でわずかな現金をもらってサツマイモを買い、夢中でほお張った。あの甘さと感激は今も忘れられない。

約57万5千人に上る日本人抑留は明確なポツダム宣言（第9項）違反だが、ソ連共産党書記長のヨシフ・スターリンの指示により極めて計画的に行われた。

原因は45年2月、米英ソ3首脳が戦後処理を話し合ったヤルタ会談にある。ここでスターリンは第32代米大統領のフランクリン・ルーズベルトに対日参戦を約束し、満州や千島列島などの権益を要求したが、もう一つ重要な取り決めがあった。3カ国外相が署名したヤルタ協定だった。

ドイツが連合国に与えた損害を「国民資産（工作機械、船舶など）」「日常的な生産物」「労働力」で現物賠償させることを決めた。

問題は「労働力」だった。米英は、まさかソ連が協定を盾に戦後も捕虜らに強制労働させるとは思っていなかったようだが、ソ連は「米英のお墨付きを得た」と受け取った。

英首相のウィンストン・チャーチルは後にスターリンの非人道性に気づき、二の句を継げなかった。7月のポツダム会談で、チャーチルが英国の炭鉱労働者不足を嘆くと、スターリンは事もなげにこう言った。

「それなら炭鉱でドイツ人捕虜を使うことだ。私はそうしている」

スターリンにとって「捕虜＝労働力」は「戦利品」だった。対日参戦の目的は領土拡大だけでなく「労働力」確保にもあったのだ。

ソ連は戦後も400万人以上の外国人捕虜を長期間抑留した。最も多かったのはドイツの約240万人、次に日本、3番目がハンガリーの約50万人だった。

満州国の首都・新京（現長春市）で武装解除に応じた独立歩兵第78部隊第1中隊少尉の秋元正俊は45年暮れ、クラスノヤルスク北の炭鉱・エニセイスクのラーゲリに送られた。

氷点下40度近い極寒地を片道約1時間歩き、1日3交代制で採炭や鉄道敷設作業に従事した。秋元は作業前、いつも「今日もみんな元気で帰っぺな！」と呼びかけたが、毎日のように人が死んでいった。やはり食事はパン1切れ。野良犬、ネズミ、ヘビ……。食べられるものは何でも食べた。

気温が氷点下50度を下回ったある日、公会堂に一時避難するとピアノがあった。小学教諭だった秋元が「故郷」を弾くと仲間たちは合唱を始めたが、途中から嗚咽《おえつ》に変わった。「ダモイ（帰国）まで頑張ろう！」。これが合言葉だった。

第135独立混成旅団伍長、安田重晴が連行されたのはシベリアの山中のラーゲリだった。

2重の鉄条網に囲まれ、四方に監視塔。丸太小屋には3段ベッドが蚕棚のように並んでいた。暖房はドラム缶製の薪《まき》ストーブだけ。電灯もなく松ヤニを燃やして明かりにした。

食事は朝晩はコウリャンやアワの薄い粥《かゆ》。昼は握り拳ほどの黒パン。空腹をこらえながら木材伐採を続けた。2人一組で直径30～40センチの木を切り倒し、枝を落として1メートルの長さにそろえ集積所まで運ぶ。1日のノルマは6立方メートル。氷点下30度でも作業は続いた。

夜中に「ザザーッ」という不気味な音がすると誰かが死んだ知らせだった。南京虫（トコジラミ）が冷たくなった遺体を離れ、他の寝床に移動する音だった。

凍土は簡単に掘れない。遺体は丸太のように外に積まれた。

そんな安田らを乗せた帰還船がナホトカを出航したのは48年5月11日。14日未明になって灯台が見えた。「日本だ！」。どこからともなく万歳が上がった。

夜が明けると新緑が広がる京都・舞鶴の山々が見えた。シベリアのどす黒い針葉樹林とは全く違う。「山ってこんなにきれいだったのか……」。全員が涙を浮かべて景色にみとれたという。

戦利品は活動分子へと変えられた

ソ連軍によりシベリア抑留され、帰還した日本人将兵は50万人を超えるが、その多くが抑留中の体験について口を閉ざした。寒さと飢え、重労働、仲間の死――。思いだしたくもないのは当然だが、もう一つ理由があった。日本の共産主義化をもくろむソ連の赤化教育だった。

「軍隊時代、貴様はみんなに暴力をふるった！」

極東・ハバロフスクのラーゲリで、1人の男が壇上の男を糾弾すると他も同調した。「同感だ！」「この男は反動だ」「つるせ！」

天井の梁《はり》に渡したロープが壇上の首に回され、男の体が宙に浮いた。苦悶《くもん》がにじむ表情に鼻水が垂れ、絶命寸前で男は解放された。

ラーゲリの隣はソ連極東軍総司令部と裁判所。尋問や裁判で連行された将校や下士官がラーゲリに宿泊する度につるし上げた。

「嫌だったが、仕方なかった。そうしないと自分がやられた……」

つるし上げの「議長」（進行役）を務めた元上等兵はこう打ち明けた。

ハバロフスクのラーゲリで「民主運動」という名の赤化教育が始まったのは1946年秋。労働を終えた午後7時ごろから1時間ほど、共産党員だった日本人が「共産党小史」を基に講義した。

見込みがある者は「小学校」「中学校」と呼ばれる教育機関に入れられ、さらに赤化教育を受けた。「中学校」を卒業した〝優秀者〟は、各ラーゲリの選抜メンバーとともに1カ所に集められ、3カ月間教育を受けた。収容所に戻ると指導的立場となった。

民主運動は次第に過激化し、将校や下士官だけでなく、共産主義に賛同しない者も次々に糾弾された。

日本人同士の密告も横行し、ラーゲリ中に人間不信が広がった。多くの抑留者が口をつぐむ理由はここにある。元上等兵は周囲にこう言い聞かせた。

「日の丸の赤と白の部分を頭の中で入れ替えろ。赤に染まったようにカムフラージュするんだ」

ソ連が日本人将兵を抑留したのは「労働力」目当てだったが、途中からアクチブ（活動分子）を養成して日本を共産主義化させようと考えを変えた。

赤化教育に利用したのが、ソ連軍政治部が週3回発行する抑留者向けのタブロイド紙「日本新聞」だった。編集長はイワン・コワレンコ。後に対日工作の責任者となり「闇の司祭」と呼ばれた男だった（94ページ参照）。

共産主義を礼賛し、天皇制や日本の批判を繰り返すプロパガンダ紙だが、日本語に飢えていた抑留者に次第に浸透した。

共産主義に賛同し、アクチブと認定されれば、ラーゲリでの処遇が改善され、早く帰還できる。実に陰湿な心理作戦だが、効果は大きかった。旧軍の序列を維持しながら助け合ってきた抑留者たちは次第に将校、下士官、兵で反目するようになった。密告も横行し、相互不信が広がった。

関東軍情報将校（少佐）だった山本明は45年11月、タタルスタン・エラブガの将校専用のラーゲリに送られた。48年夏に「ダモイ（帰国）」といわれ、列車に乗せられたが、山本ら情報将校や憲兵約200人はハバロフスクで足止めとなった。

「天皇制打倒」「生産を上げよ」「スターリンに感謝せよ」。ラーゲリの入り口にはこんな張り紙がベタベタ張られ、入所者の目には敵意がみなぎっていた。そこは「民主運動」の最前線だった。

「生きては帰さんぞ……」

入所早々、反ファシスト委員長を名乗る背の低い男は、山本らを高知なまりでこう脅した。

その言葉通りつるし上げが連日続いた。「言動が反ソ的」「労働を怠けた」――。ほとんど難癖だった。

山本も「反動」の烙印《らくいん》を押され、作業中も、食事中も、用便中さえも、大勢に囲まれ、罵倒された。「日本人は中心をなくすと、これほど崩壊してしまう国民性なのか……」。悔しいというより悲しかった。

49年春、山本はハバロフスクの監獄に移された。雑居房でロシア人らと一緒だったが、ラーゲリよりは居心地がよかった。

いつも就寝時にたたき起こされ、取調室に連行される。長細い室内にポツンと置かれた机の上には炎がついたろうそくが1本。取調官は引き出しから短銃を出し入れしながら関東軍での任務をしつこく尋問した。

「なぜこの男はおれの戦時中の言動を知っているんだ?」

取調官の書類をのぞき込みその謎が解けた。かつての部下が詳細な供述をしていたのだ。

通訳もない裁判が行われ、判決は反ソ諜報罪で強制労働25年だった。

結局、山本が帰国できたのは56年12月26日。最終引き揚げ者1024人の1人として京都・舞鶴港に降り立った。すでに37歳。父親と妻、初めて会う長男が出迎えてくれた。長男はもう11歳だった。

57年の正月早々、ある男が神戸市の山本宅を訪ね、玄関先で土下座した。「隊長、申し訳ありませんでした」

密告した部下だった。山本は積年の恨みをグッとのみ込み、「君も何か言わないと帰国できなかったのだろう」と許した。山本は当時をこう振り返る。

「人間ってのは怖い。追い詰められた人間の心理は本当に怖いよ……」

ソ連は、共産党への忠誠を誓った「誓約引揚者」を優遇帰国させたが、日本を共産主義化させるというもくろみは外れた。確かに一部は60年安保闘争などで大衆扇動やスパイ活動に従事したが、多くの引き揚げ者は従わなかった。ソ連で共産党の残虐さと非人道性を嫌というほど味わったからだ。ただ、赤化教育のトラウマ（心的外傷）は生涯消えなかった。

エニセイスクに収容された独立歩兵第78部隊第1中隊の秋元正俊も赤化教育の被害者の一人だ。

秋元は47年のある日、日本新聞で「ロシア語会話通訳試験」の記事を見つけた。ソ連には憎しみこそあれ共感はない。日本新聞もまともに読んでなかったが「通訳になれば重労働から逃れられるかもしれない」と受験してみた。

試験は、日本人試験官と簡単な英会話を交わしただけ。合格すると「レーニン・スターリンの原理」という分厚い本を渡され、1カ月半の講習を受けた。終了するとアクチブの証書とバッジを与えられた。

ラーゲリでの生活は格段に向上した。部屋は一般抑留者と分けられ、1日置きの入浴が許された。食事には副菜がつき、朝食には牛乳、夕食にはウオッカがつき、たばこも週1箱もらえた。秋元はいつも仲間たちに分け与えた。

ラーゲリ全員に帰還命令が出たのは49年5月初旬。かつて1千人ほどいた抑留者は400人余りに減っていた。秋元ら通訳の十数人は「アクチブの教育が不足している」としてハバロフスクで20日間の再教育を受けた後、帰国した。

夢にまで見た帰国だったが、現実は厳しかった。「アカ（共産主義者）」のレッテルを貼られていたのだ。

秋元は京都・舞鶴港で警察に連行され、独房に40日間入れられ、アクチブの活動内容などについて取り調べを受けた。ようやく郷里の栃木県に戻っても、自宅裏のクワ畑には警察官がいつも立っていた。

「しまった。ソ連に利用されてしまった……」

秋元は通訳になったことを後悔したが、誤解は解けなかった。出征前に勤務した小学校を訪ねると校長に「職員室に席は置いてやるが、子供の前には出ないでほしい」と言われ、結局、教壇に立てぬまま退職、実家の農業を継いだ。

秋元が再び教育に関わることができたのは今市市（現日光市）が市制に移行した54年。市教委で定年まで教育行政を担った。子や孫にも恵まれたが、今もシベリアでの悪夢は消えることがない。

「シベリアでの出来事は何でも思い出せる。それほどつらかった。あの体験がその後の人生に影響したことは何もない。ただ、悪い思い出だけが残った……」

樺太の日本人女性は朝鮮人と結婚した

「戦前の樺太は活気にあふれててね。自然も豊かで人情もあって。本当にいいところだった……」

南樺太で生まれ育った近藤孝子はこう言って目を細めた。

１９０５年、日露戦争後のポーツマス条約で北緯50度以南の南樺太は日本領となった。多数の日本人が入植し、林業や漁業、製紙業などで栄え、41年12月の国勢調査では40万６５５７人が暮らしていた。

米国と戦争が始まっても平穏だった。学校では日本人、ロシア人、朝鮮人が一緒に学んだ。近藤は南樺太でずっと幸せに暮らしていけると信じて疑わなかった。

ところが、45年8月9日、ソ連が日ソ中立条約を一方的に破棄し、満州に一斉侵攻したことで近藤らの人生は大きく変わった。

樺太への侵攻は11日に始まり、ソ連国境近くの古屯《ことん》付近で日本軍と戦闘になった。北部の住民が南部に避難してきたが、近藤らが暮らす落合町など南部は空襲もなく、今ひとつ戦争の実感はなかった。

8月15日正午。近藤は女学校の同級生とともに勤労動員先の陸軍大谷飛行場近くの寄宿舎で、玉音放送を聞き、終戦を知った。

ところが、終戦後もソ連軍の攻撃は続いた。20日には、樺太西海岸の拠点だった真岡町にソ連軍が上陸した。内地への引き揚げ命令が出た22日、ソ連軍は樺太庁のある豊原市（現ユジノサハリンスク）を爆撃、100人以上が死亡した。

同日、引き揚げ者を乗せ、北海道・小樽に向かっていた小笠原丸、第二新興丸、泰東丸の3隻が国籍不明の潜水艦の攻撃を受け、第二新興丸を除く2隻が沈没、1700人以上が死亡した。犠牲者の大半は女性や子供、老人だった。

ソ連はこの事件に関して沈黙を守ったが、ソ連崩壊後、海軍記録などからソ連太平洋艦隊の潜水艦L—12、19が付近海域で船舶3隻を攻撃したことが判明している。この事件を受け、引き揚げ事業は中断され、近藤ら大勢の日本人が南樺太に留め置かれた。

サハリンに名を変えた南樺太は無法地帯となった。

ソ連兵は傍若無人だった。短機関銃を構えて民家に押し入っては時計や万年筆、鏡など貴重品を手当たり次第に略奪したが、黙って見ているしかなかった。強姦《ごうかん》も日常茶飯事だった。近藤ら若い女性は髪を短く切り、作業服姿で男のふりをして日中を過ごし、押し入れか屋根裏で就寝した。ソ連兵が家に押し入ると押し入れで息を潜めた。

そこで若い女性が選んだのは、朝鮮人との結婚だった。少なくない女性が「強姦されるよりも嫁に行った方がいい」と思っていたからだ。近藤も48年5月に朝鮮人と結婚した。

同年10月、親代わりだった叔父夫婦や弟の帰国が決まった。叔父らは「一緒に帰ろう」と勧めてくれたが、夫が帰国対象にならないことから南樺太にとどまった。同じような境遇の日本人妻は数多くいた。

サハリンは日本人妻にとってますます住みづらくなった。朝鮮人は男女問わず「日本のせいで故郷に帰れなくなった」と日本人妻をなじった。ソ連当局の監視も厳しかった。

耐えられず朝鮮名に改名する日本人妻も多かったが、近藤は本名を通した。「いつか日本に帰る」と心に決めていたからだ。

唯一の慰めが、ラジオから流れる日本の歌謡曲だった。美空ひばり、三橋美智也……。樺太で生まれ育った近藤は歌詞の日本の地名にはピンとこなかったが、歌を聞く度に「私は日本人なんだ」と勇気づけられた。

日本に一時帰国できたのは90年5月。新千歳空港に降り立つと弟が出迎えてくれた。42年ぶりの再会だった。

近藤が末娘一家とともに日本に永住帰国したのは2000年10月、終戦から55年がたっていた。今も幸せを感じているが、ふとこう思うこともある。

「私が知っている樺太での日本とはどこか違う。日本は戦後、大切なものをなくしてしまったんじゃないか。樺太のことも忘れられていくのか……」

ロシア化が加速する北方四島

北方領土・色丹島《しこたん》は、標高412メートルの斜古丹山《しゃこたん》など3つの山が丘陵地と入り江を織りなす美しい島だった。島の中心集落・斜古丹（ロシア名・マロークリリスク）から、ぬかるんだ山道を車で1時間余り。日本人墓地は、イネモシリと呼ばれる海を見渡せる丘の上にあった。

だが、墓地の荒廃は進んでいた。クマ笹や雑草が生い茂り、傾いたまま放置された墓石も少なくない。

旧ソ連は北方四島を軍事要塞化し、元島民が近づくことさえ認めなかったが、1964年以降、墓参だけは認めるようになった。

元島民が50年に結成した千島歯舞《はぼまい》諸島居住者連盟（札幌市）は「墓参が四島返還の足がかりになる」と考え、ほぼ年1回の集団墓参を実施してきた。

90年代に入るとソ連は崩壊し始めた。これを好機とみた日本政府は四島への人道支援を始め、病院や学校、ディーゼル発電所などを次々に建設した。支援を通じて、元島民がビザなしでいつでも帰還できる環境を整えようと考えたからだ。

これが奏功し、入植ロシア人の対日感情は改善され、「四島を日本に返還し、ロシア人も繁栄の恩恵にあずかるべきだ」という声が上がるようになった。

だが2006年に潮目が変わった。露政府は「クリール（千島）諸島社会経済発展計画」を策定し、9年間で千島列島のインフラ整備や生活向上に計179億ルーブル

日本人が眠る北方領土色丹島・イネモシリの墓地。手入れもされず、荒れ果てていた（2015年7月）

の資金投入を決定。12年7月には露首相のドミートリー・メドベージェフが国後島《くなしり》入りし「一寸たりとも領土は渡さない」と断じた。15年7月には今後10年間で７００億ルーブル（約１１５０億円）の投資を決めた。

06年以降、四島のロシア化は着実に進んでいる。

色丹島では14年12月、「南クリール地区中央病院色丹分院」が開業した。デジタルマンモグラフィーなど最新医療設備が並び、ロシアの全病院で病歴や投薬情報を共有するシステムも導入された。同島のクラボザヴォック水産加工場もスケトウダラを加工・冷凍する最新の生産ラインを備えた。他にも小中学校などの建設ラッシュが続く。

10歳まで国後島で暮らした大塚誠之助はこう

語る。

「70年という時は長すぎる。ロシア人が生活の根を張り、昔の面影が消えた島に高齢の私らは今さら移住できない。せめて生きている間に自由に往来できるようになれば……」

1945年8月15日、北方四島の居住者1万7635人は米軍の空襲を一度も受けることなく終戦を迎えた。まさか島を追われることになるとは夢にも思わなかったはずだ。

ところが、18日、ソ連第2極東方面軍8千人超が、千島列島北端の占守島《しゅむしゅ》に侵攻した。陸軍第91師団2万3千人が応戦し、23日の武装解除まで日本兵600人、ソ連兵3千人の死者を出す激戦が続いた。南樺太にもソ連第2極東方面軍が11日に侵攻し、陸軍第88師団と激突した。

もし両師団が応戦していなければ、北海道北半分はソ連に占領されていただろう。米大統領のトルーマンが、ソ連共産党書記長のヨシフ・スターリンに「北海道の占領は認めない」と通告したのは8月18日だったからだ。

だが、択捉島《えとろふ》以南に米軍が進駐していないことを知ったソ連軍は8月28日に択捉島、9月1～5日までに色丹島、国後島、歯舞群島を占領した。日本が降伏文書に調印したのは9月2日。国際法を踏みにじる蛮行だった。

ソ連軍の上陸は四島の島民を恐怖のどん底に突き落とした。若い女性は変装して納屋に隠れたが、逃げ場を失い、幼子を抱えて海に身を投げた母親もいた。

ソ連は46年2月に四島を自国領に編入。島民を強制退去させる決定をした。島民は小型船で沖合に出た後、荷物用モッコ網に入れられてクレーンでつるしあげられ、大型貨物船の船倉に降ろされた。完全にモノ扱いだった。

２０１５年３月末の元島民は６７７４人、70年前の4割以下に減った。四島の入植ロシア人は計１万７千人超で終戦時の日本人数に迫る。元島民の平均年齢は79・8歳。残された時間はあまりない。

第五章　英霊たちが眠る場所

島民を逃がして戦ったペリリュー島

天皇、皇后両陛下は2015（平成27）年4月、パラオ共和国を慰霊のため訪問された。赤道に近い太平洋上に位置し、大小500以上の島を抱えるパラオ。第一次世界大戦で日本が占領後、1920年には日本の委任統治領になった。太平洋戦争が終結する1945年までの31年間は日本の統治下にあった。

中でもペリリュー島は、先の戦争でマリアナ・パラオ諸島の戦いの中心地となり、日本軍守備隊と米軍との間で激しい戦闘が繰り広げられた。しかし、島民が犠牲になったという記録はない。

米軍が「天皇の島」と呼んだ南洋の小島は、島を覆うジャングルが強い日差しを受けて緑に輝いていた。島民600人の多くが住む北部のクルールクルベッド集落は、ヤシの木に囲まれた庭の広い民家が立ち並び、カフェからは英語の音楽が流れる。ハ

パラオ・ペリリュー島の米陸軍第81歩兵師団慰霊碑で供花される天皇、皇后両陛下(2015年4月)

イビスカスが咲き、のどかな雰囲気に時間が止まっているような錯覚すら覚える。だが、ジャングルを縫うように車を走らせるに従って、そんな印象は一変する。破壊された米軍の水陸両用戦車、日本軍戦車、52型零式艦上戦闘機……。至る所に激戦の爪痕が残る。

現地を案内してくれたウィリー・ウィラードによると、日本軍守備部隊は、兵隊1人が入れるたこつぼ状から数百人が入れる洞窟まで500個を超える洞窟陣地を構築、大部分は内部で行き来できるようになっていたという。島全体が要塞という島の真の姿に気づくのに時間はかからなかった。

パラオ共和国は終戦後、米国の統治下

に入ったが、94年に共和国として独立。10島に人が住み、人口は約2万920人にのぼる。委任統治時代、日本はパラオに南洋群島全体を管轄する南洋庁本庁を設置し、パラオには学校や病院、気象台、郵便局などが建設されたほか、道路などインフラも整備された。最盛期の43年には2万7444人の日本人が住んでいた。

米軍がペリリュー島に上陸したのは44年9月15日。戦史叢書「中部太平洋陸軍作戦」（防衛庁防衛研修所戦史室著）によると、戦闘は、日本軍9838人に対して米軍は約4倍の約4万2千人で始まり、日本軍は最終的に1万22人の戦死者と446人の戦傷者を出し、生還したのは34人だけだった。米軍も1684人の戦死者と7160人の戦傷者を出した。

米軍は人員だけでなく、小銃も8倍、戦車は10倍という圧倒的な布陣を敷いており、島の攻略についても、「スリーデイズ、メイビー・ツー（3日、たぶん2日）」と豪語していたという。

だが、その予想は大きく裏切られる。米軍は第1次上陸作戦で第1海兵連隊の損害が54％に達したため、第1海兵師団が撤収、第7海兵連隊も損害が50％を超えて戦闘不能に陥った。

「軽機関銃の銃身が熱くてさわれないくらい夢中に撃ちまくった。敵味方入り乱れて、殺したり殺されたりの白兵戦で、地獄絵図そのものだった」

そう述懐する水戸歩兵第2連隊の元軍曹、永井敬司は、数少ない生還者の一人だ。「食糧や弾丸がすぐに底をついた。空からも海からも補給はなく、米軍の食料や戦死した米兵から武器と弾薬を奪った。3日も4日も寝ないで戦った」と語る。

日本軍の執拗《しつよう》な抵抗に、太平洋艦隊司令長官（大将）のチェスター・ニミッツは著書『太平洋海戦史』で、「ペリリューの複雑極まる防衛に打ち勝つには、米国の歴史における他のどんな上陸作戦にも見られなかった最高の戦闘損害比率（約40％）を出した」と述べている。

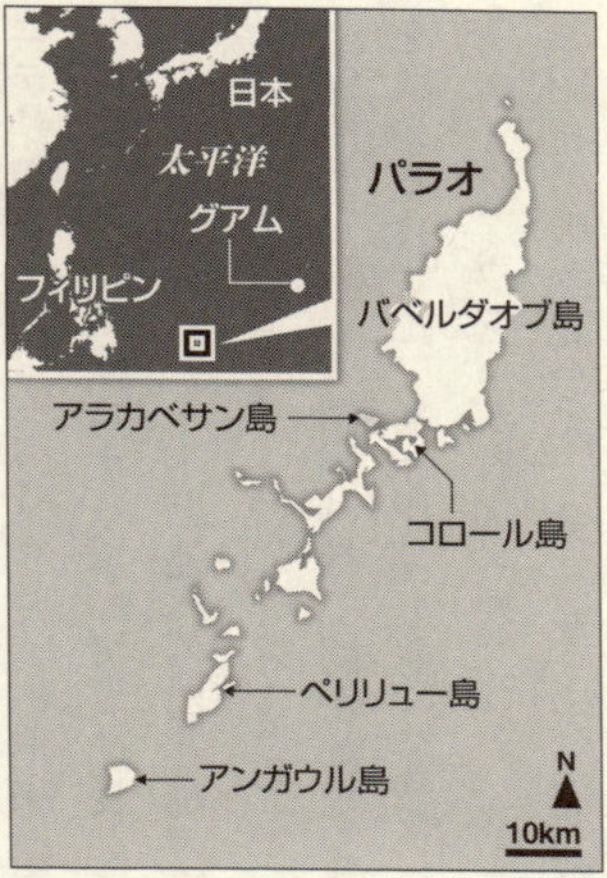

守備部隊がいかに激しい戦闘を展開したかを物語るが、永井は、想像を絶する環境の中で気持ちを支えたのは「第2連隊で教育を受けたという誇りと、日本を守るという意地だった」と胸を張った。
『昭和天皇発言記録集成』（防衛庁防衛研究所戦史部監修）によると、昭和天皇は『水際ニ叩キツケ得サリシハ遺憾ナリシモ順調

ニテ結構テアル。「ペリリュ」モ不相変ラスヨクヤッテヰルネ』（10月23日）『「ペリリュー」補給困難ニナリ軍ハアマリ長ク抵抗ガ……。随分永イ間克ク健闘シ続ケテ呉レタ』（11月15日）――と述べるなど島の戦況を気に掛け、守備部隊の敢闘に11回、御嘉賞（お褒めの言葉）を送っている。

96年6月17日、靖国神社で開かれたシンポジウム「ペリリュー戦　日米両軍の勇戦を讃える会」に、ペリリュー戦に参戦したコードリン・ワグナーと元米軍少佐のエド・アンダウッドが参加した。

『昭和の戦争記念館　第3巻　大東亜戦争の秘話』（展転社刊）によると、この時、アンダウッドは「日本軍は負けると判っている戦争を最後まで戦った。この忠誠心は天皇の力と知って、ペリリュー島を〝天皇の島〟と名付けた」と述べ、ワグナーも「日本軍人の忠誠心に最高の敬意を表す」と語っている。

これら2人の言葉を裏付けるように、米第81歩兵師団長（少将）のミュウラーは、日本軍の抵抗が終わった44年11月27日、「いまやペリリューは、天皇の島から我々の島に移った」と宣言したという。

米軍に「天皇の島」と言わしめたペリリューでの戦闘は、日本軍将兵が日本と日本人の誇りをかけた象徴的な戦いでもあった。

パラオ共和国の海に沈む零戦。台風や潮の影響で年々その姿を変えている（2014年12月）

その一方で、ペリリュー島は「忘れられた島」とも呼ばれてきた。多大な損害を受けた米軍が口をつぐみ、日本側も生還者が少なく、証言に限りがあったからだ。だが、島民たちは、70年前に起きたことを忘れてはいなかった。

2009年から13年まで駐日パラオ大使だったミノル・ウエキは言う。

「日本軍は、ペリリューの島民を全員、疎開させることで保護してくれた。だから島民に死傷者は出なかった。日本軍への感謝は何年たっても忘れない」

1943年6月現在でペリリューには899人の島民が住んでいた。島民によると、日本軍と一緒に戦う決意をしていた島民もいたという。だが、守備部隊はそれを認めず、非戦闘員の島民を戦闘に巻き込まないため、44年3月から8月にかけて、全員をパラオ本島などに疎開させた。

当時9歳だったアマレイ・ニルゲサンは、夜間を利用して両親らとバベルダオブ島に疎開したといい、こう記憶をたどった。

「日本の兵隊がダイハツ（上陸艇）で連れて行ってくれた。バベルダオブに着いた後も、憲兵が2日かけてジャングルの中をエスコートしてくれた。なぜ自分たちの島から避難しないといけないのか分からなかった。2年半ほどして島に戻り、草木がなく石だけの島を見て、もし、残っていたら死んでいたと思った。家族で日本軍に感謝した」

ペリリューに一つの逸話が伝わっているという。

〈ある島民が一緒に戦いたいと申し出ると、守備部隊長の中川州男《くにお》に「帝国軍人が貴様らと一緒に戦えるか」と拒否された。日本人は仲間だと思っていた島民は、裏切られたと思い、悔し涙を流した。しかし、船が島を離れる瞬間、日本兵が全員、浜に走り出て、一緒に歌った歌を歌いながら手を振って島民を見送った。その瞬間、この島民は、あの言葉は島民を救うためのものだった――と悟った〉

逸話の真偽は分からない。だが、ニルゲサンは「自分は見ていないので分からないが、両親からそんな話を聞いたことがある」といい、ウエキも「逸話は今でも語り継がれている」と話す。生還者の永井がいう「日本人の誇り」は、島民疎開という形でも発揮されたのかもしれない。

島が兵士のお墓になった

終戦後2年が経った1947年8月15日、住民は島に戻った。

島民が日本兵の被害状況を知るのは、65年以降からだ。日本人を父親に持ち、クルークルベッド集落で民宿を経営するマユミ・シノズカは「日本の兵隊さんが何人亡くなったかを知ったのは、日本から慰霊団が来るようになってから」という。シノズカはこの頃から、弟のウィリー・ウィラードらと50年近くにわたり、慰霊団の食事の世話や島の中央部に立つ日本兵の墓地「みたま」の清掃などを続けている。遺骨収容に参加したこともある。

シノズカは言う。

「ペリリューそのものが日本兵のお墓。ご遺族に代わり、遠く離れた島に眠っている日本兵の冥福を祈る気持ちです。島に眠る日本兵は私たちが守ります」

アントニア・ウエンティも遺骨収容に関わった一人だ。戦後、ペリリューに移り住んだ彼女は島民とジャングルに入り、遺骨収容を始めたという。ある軍医の遺骨については自宅に持ち帰って供養した。軍医の妻には「だんな様と一緒に住んでいるから安心して下さい」と手紙を書いたという。

ウエンティは「緑の島のお墓」という日本語の歌を作っている。

遠い故郷から　はるばると
お墓を参りに　ありがとう
みどりのお墓の　お守りは

ペ島にまかせよ
いつまでも

海の中にも　山の中
ジャングルの中にも　土の中
英霊よ　よろこべ　安らかに
一緒に暮らそよ
とこしえに

ペ島の願いは　唯1つ
日本とペリリューは　親善の友
かよわい力　よく合わせ
知らせておくれよ
祖国まで
伝えておくれよ　祖国まで

父母兄弟　妻や子に
僕らはみどりの　島暮らし
涙をおさえて
さようなら
涙をおさえて
さようなら

「大山」と呼ばれる山の中腹にペリリュー神社が鎮座する。82年、島民が見守る中、再建された。由来記によると、祭神は天照大神と戦死した日本軍守備部隊の一万余人の英霊。「護国の英霊に対し、心からなる感謝と慰霊鎮魂の誠を捧げましょう」とあり、島民が草むしりや掃除を続けているという。

日本兵の慰霊にこだわるのは、シノズカやウエンティだけではない。ウエキは「多くの島民が慰霊碑の建設や遺骨収容などに協力している」という。これほどまで日本兵の慰霊にこだわるのはなぜか。

ペリリュー州のシュムール州知事の母親、メンロムス・エテペキは「なぜ、日本軍と米軍が自分の島で戦ったのか、という憤りはあった」と、一瞬、表情をこわばらせたが、すぐに「今は悪感情はない」と、笑顔で続けた。

彼女は、自分の名前をカタカナで書きながらこう話した。

「31年にわたる統治時代を通し、日本に対して特別な感情が育まれていた。日本への思いは深い」

パラオ人は日本人として育てられた

〈君が代は　千代に八千代に　さざれ石の……〉

明快な日本語で「君が代」を歌い上げた94歳になる老女は、続けて「海行かば」を口ずさみ始めた。

〈海行かば　水漬《みづ》く屍《かばね》　山行かば　草生《くさむ》す屍……〉

歌詞の意味は理解しているという。ロース・テロイ。「テルコ」という日本人名も持ち、「日本人になれるものならなりたかった」と言った。

「緑の島のお墓」を作詞したアントニア・ウエンティは「蛍の光」と「仰げば尊し」を歌って涙を浮かべ、童謡の「浦島太郎」を歌って、「この歌は、『両親がしてはいけないということはやってはいけない。罰が当たるよ』という意味を含んでいる」と言った。

テロイのいとこにイナボ・イナボ（故人）という男性がいた。元パラオ共和国政府顧問で、生前は、「日本軍と一緒に戦いたかった」と何度も口にしていたという。

イナボは1995年8月15日、靖国神社での戦没者追悼中央国民集会に参加した際、雑誌のインタビューにこう話している。

「日本には大切なものが4つあります。天皇陛下と靖国神社と富士山と桜の花です。アメリカ人から『日本は小さな国だけどもルーツ、根っこがあるから強い。それは天皇陛下と富士山と桜だ。それはアメリカにはない』と聞きました」

「日本人の戦いぶりはアジアの人々は皆知っているんですよね。それで日本を尊敬しているわけです。皇室と神社がある限り日本は倒れない。日本人が安心していられるのは、天皇陛下がおられるからですよ。天皇陛下がおられて、靖国神社があるからこそ日本は尊く、外国からも尊敬され、強い国となっています」

イナボの日本への思い、そして歌詞の意味を確かめるように一言一言を丁寧に歌ったテロイとウエンティ。2人の心に去来するものは何か。

天皇、皇后両陛下のパラオご訪問に話が触れると、「最初、いらっしゃると聞いたときはだれも信じられなかった。まさかという気持ちで驚いた」と興奮気味に話した。

14年、第一次世界大戦でコロール島を占領した日本は、ベルサイユ平和条約でパラオ共和国を20年に委任統治下に置き、2年後、南洋庁を設置した。小学校や実業学校、病院、郵便局などを設置したほか、インフラ整備も進め道路や港湾、飛行場などを建設した。法律は原則、日本の法律が適用された。

日本政府による統治は45年までの31年間続いた。パラオは日本の小都市のような発展を遂げ、日本人も23年に657人だったのが38年には1万5669人を数え、パラオの総人口の7割を占めた。44年時点では、パラオ人約6500人に対して約2万5千人の日本人（軍人を除く）が住んでいた。

元駐日パラオ大使だったミノル・ウエキは「どんどん日本人が移住してきて、コロールの中心街は日本政府の出先機関やショッピングセンター、飲食業、娯楽施設が軒を連ね、『第2の東京』とさえ呼ばれた。農業や漁業などの産業も発展し、稲作やパイナップルなどの生産を促し、余剰作物は輸出に回した」と話す。

この間、日本政府はパラオ人に対する日本語教育にも力を入れ、3年間の義務教育課程である「本科」と2年間の「補習科」で構成される公学校が6カ所建設された。

日本政府の対パラオ政策の恩恵はペリリュー島にも及んだ。

ロース・テロイによると、当時、ペリリュー島には病院が1軒あり、日本人の医者2人が常駐していた。日本人が経営する「シホ」という雑貨屋があり、50円で何でも買えた。日本の会社も多く、島民は働き場所を得ていたという。

公学校は「中山」と呼ばれた山の麓にあった。戦後70年が過ぎた今は、ジャングルに覆われ、わずかに門柱が残るだけだが、鉄筋コンクリート造りで、高さは5メートル近い。敷地内には畑があり、野菜を作っておいたといい、いかに立派な校舎だったか想像できる。

テロイのクラスメートは男女合わせて20人で、3クラスあった。パラオ人の先生も1人いたが、日本語や日本の歌は「ハシモト先生」に教わったという。

「夫婦で先生をしていて、奥さんは着物のときもありました。『親を大切にしよう』『ありがとうございました。どういたしましてと言おう』と教えられました。先生の2人の子供と一緒に歌ったこともあります。正月に日本人と一緒に遊んだことが今でも思い出されます」と、テロイは楽しそうに笑顔を見せた。

マルタンサン・ジラムは公学校跡地の門柱の前を通ると、毎朝「おはようございます」と「ヒラマツ先生」にあいさつしていたのを思い出すという。公学校の2年生まで日本語の勉強をしたが、3年生の時、空襲で学校がなくなり、疎開した。

ジラムは当時を懐かしむように、「桃太郎」を歌ってくれた。「ヒラマツ先生に会いたい。優しくていい先生だった。『お父さん、お母さんを大事にしなさい』『家のことを手伝いなさい』『ありがとうと言いなさい』『困っている人がいれば手伝いなさい』と教えられた」

悪いことをすると叱られたという。「だから、私も子供が悪いことをすると謝るまで手を上げた。ヒラマツ先生に教えられたことは5人の息子に伝えてきたし、息子には子供ができたら同じように伝えなさい、と話している」と語った。

アマレイ・ニルゲサンによれば、「半ズボン」「便所」「草履」「熊手」「大丈夫？」「先生」「大統領」「飛行場」「バカ野郎」「ごめんなさい」「よろしく」「面白い」「飲んべえ」「ビール」「野球」「勤労奉仕」「炊き出し」など、多くの日本語がパラオ語として定着しているという。

酋長《しゅうちょう》のイサオ・シンゲオ・ペリリューは「戦争は良くない。だが、日本は新しい生活様式を伝えてくれた。われわれの生活スタイルが近代化し、生活が向上したのは日本のおかげだと感謝している」と笑顔を見せた。ウエキも「統治時代の教育や経済発展を通して、パラオ人は日本人として育てられた。パラオ人は日本に感謝している。今は日本語を話すのは少なくなったが、われわれは日本に戻るべきだと考えている」といい、「天皇陛下がいらっしゃるのがうれしい」と何度も繰り返した。

イナボは雑誌のインタビューに「（日本人から）勉強、行儀、修身、男であること、責任を持つこと、約束を守ることを教えられた。男とは自分に与えられた義務を成し遂げる、任務を果たすことなんです。パラオは昔の日本と近い」とも語っている。

パラオの人たちは心のどこかに、日本を〝親〟〝身内〟のような存在ととらえているのではないだろうか。そして、パラオには日本以上に日本の心が生きているではないか。

死ぬのは日本兵だけで十分

1944年9月15日、米軍がパラオ・ペリリュー島に上陸を試み、多くの死傷者を出したオレンジビーチ。真っ赤な夕日に包まれた浜辺を歩くと、70年前に米軍の艦船が大挙して島を取り囲み、倒れた日米両軍の兵士が幾重にも重なり合う光景が目に浮かぶ。

そのオレンジビーチの南側海上に平らな島が浮かんでいる。アンガウル島だ。ペリリューから南へ約11キロ。南北4キロ、東西3キロ、面積8平方キロと、ペリリューの半分以下しかない小さな島だ。かつては燐《りん》鉱石の採掘で知られたが、今も残る採掘跡は鬱蒼《うっそう》としたジャングルにのみ込まれてしまっていた。

島の西側にあるアラブルックル・タオ（アンガウル港）の波止場の入り口には、日本軍が取り付け、破損した鉄製のバリケードが残されている。採掘した燐鉱石を船まで運ぶトロッコ用のレールが海に向かって延びている。傍らのアンガウル州事務所前には「本巣市消防団」と書かれた消防車が1台駐車しているが、壊れていて動きそうにない。

43年6月時点で、日本人1325人、島民も754人住んでいたが、ガイドのトリーシャによると、現在の人口は約170人になった。

トリーシャが準備してくれた軽トラックの荷台に乗り、出発する。1分もすると、ジャングルだ。木々にツタなどが絡み合い、まるで緑の洋服で着飾っているようにも見える。

ようやく1台が通れるだけの細い道を進む。アンガウル神社や宇都宮部隊59連隊の慰霊碑、米軍が上陸した北東部のレッドビーチと東部のブルービーチ、2100メートルの滑走路……。島は3、4時間で一周できるが、島全体が密林に覆われ、人の気配がない。

米軍の第81師団がアンガウル島に上陸したのは44年9月17日。東北港と東港に上陸した。

米軍の約2万1100人に対し、日本軍は1200人にすぎなかった。

アンガウル島には当時、日本人が2600人、島民は750人ほど住んでいたが、日本人と島民の老人と婦女子はパラオ本島に移され、健康な男子島民186人が、弾薬や食料などの運搬を手伝うため、軍夫として残っていた。

米軍の波状攻撃に守備部隊は上陸2日目に、半数を失う。最終的に日本軍は約50人が生還したが、約1150人が戦死。米軍も260人が戦死し、1354人が戦傷した。

米軍は9月24日以降、投降を呼びかけたが、日本軍将兵は応じず、鍾乳洞に避難していた島民約186人は投降した。日本軍や日本人が「島民を道連れにはできない」と投降を勧めたのだという。

日本政府がパラオ諸島の経済活性化を精力的に進めたのは、アンガウル島も例外ではなかった。

アンガウル港には燐《りん》鉱石の積み込み桟橋や灯台を設置したほか、東北港や東港にも桟橋を造り、船の往来があった。港地域は、サイパン村とも称され、燐鉱石工場や交番、郵便局、アンガウル医院、国民学校、公学校などが集中したという。

ヨリコ・ルイスは2014年5月、アンガウルからコロール島に移り住んだ。アンガウルの飛行場と波止場に近い集落には、「ヤマダ商店」「マルサン商店」、沖縄人が

パラオ・アンガウル島のアンガウル神社。1983年、先の戦争で命を落とした人たちの鎮魂のために建立されたという（2014年12月）

経営する「ナカヤマ商店」があり、イワシなどの日本の食材を売っていたという。「大きい病院もあり、内科と外科と産婦人科があった。お医者さんは『カタギリ先生』といった」。ヨリコは、公学校で1年から3年まで日本語を学び、コロールの補習科で2年間勉強した。同級生は90人いた。日本人の「フギ」「ヨシノ」という男性の先生が2人いた。ヨリコは七十数年前を懐かしむように話す。

「公学校では、日本語の読み方、書き方、算術、理科、地理を学んだ。コロールの補習科では、イズチ校長、ヨシノ先生、フクオカ先生、ハットリ先生に教えてもらった。卒業後は、燐鉱石会社で電話交換手の仕事をしていたら、戦争が始まった」

島にいた日本人の名前がドンドン出てくる。

日本軍がアンガウルやペリリューなどパラオ諸島に軍事基地を建設、駐留するようになったのは、33年に国際連盟を脱退して、36年に軍備制限条約を破棄してからのことだ。

ヨリコによると、アンガウルの守備部隊は島民の家を借りて住んでいたといい、「シバザキ大尉やヤマグチ軍曹はうちの近くに住んでいた。日本の兵隊さんは優しくて一緒に歌を歌ったこともある。タピオカを作って慰問に行ったことを覚えている」。

戦争中は島北部の鍾乳洞に隠れていた。「100人以上のアンガウル人がいた。米軍は『出てきなさい』と盛んにアナウンスをしていた。ある日本人が『逃げなさい』と勧めてくれたので、10月8日午前10時頃、出て行った」

アンガウルでの戦闘でも島民に死傷者は出たという記録はない。ペリリューのように島民全員に対する組織的な疎開措置は取られなかったが、守備部隊は玉砕を前に、島民に投降を勧めたといわれる。「死ぬのは日本兵だけで十分。島民を道連れにすることはできない」と、投降させた将兵もいたといわれる。

「アンガウルは戦争に巻き込まれた。でも、日本兵に対して悪い印象はない。委任統治時代を通して島が栄え、日本語も覚えた。戦争では、兵隊さんたちは玉砕したが、島民には投降を勧め、守ってくれた」

戦後、崩壊物処理を終えた日本軍がパラオ地区を引き揚げる際、多くのパラオ人が、日本の統治に感謝し、涙で見送ったという。

日光で敗戦を迎えた天皇陛下

パラオ・ペリリュー島の戦いが終わってから1年足らずで日本は敗れた。

「堪え難きを堪え、忍び難きを忍び……」

1945年8月15日正午。ラジオから流れた昭和天皇の終戦の詔勅《しょうちょく》が日本と日本人にとって一大転機となったこの瞬間、皇太子だった11歳の天皇陛下も父の声を聞かれていた。場所は、栃木・奥日光の山深い湯元温泉の老舗「南間《なんま》ホテル」（現在は廃業）別館2階奥の間。当時は「宮城《きゅうじょう》」と呼ばれていた皇居から約130キロ離れた、疎開先だった。

側近らは周りで立ち尽くし、むせび泣いた。「陛下の放送で日本が負けたことをはっきり知った」（74年のお誕生日会見）というご様子を、ホテル関係者は「頭を垂れ、正座したひざに置いたこぶしはぐっと握り締められていた」と側近から聞いている。

南間ホテル元社長、南間元《はじめ》は、皇室関係者以外では最もそばでお世話をしていた祖母の康《やす》の言葉を何度も聞いていた。

『あの日から、殿下の雰囲気や表情の緊張感が変わられた。はっきりと』。そう話していました」

疎開は44年5月、学習院初等科の同級生らとともに沼津御用邸（静岡県沼津市）で始まり、同年7月に栃木・日光、45年7月に奥日光・湯元温泉と移られた。皇太子が山側へ転々と移動されるという行程は、日本が厳しい状況に追い詰められつつあることも示していた。

日光へ移る際の衝撃を陛下は戦後、ご家族に語られている。次男の秋篠宮さまが2014年11月のお誕生日会見で明かされた。

「お付きの人から、サイパンが陥落して危ないので日光の方に場所を移しますということを言われて、それでサイパンが陥落したということが大変なことなのだと強く印象に残っている、ということを伺ったことがあります」

サイパン陥落で、全土がB29の爆撃にさらされることになる。

皇居にも空襲の警報が届くようになり、昭和天皇はそのたびに三種の神器とともに地下室に避難。45年5月には、皇居内の当時の宮殿が焼け落ちた。同年7月に沼津御用邸の本邸も焼失している。

こうした被害が当時、少年でいらした陛下にどこまで伝えられていたかはわからない。ただ、昭和天皇の安全すら万全には確保できない状況のなかで、周囲が「次の天皇」の御身を命がけで守り抜こうと決意していたことは、間違いない。

天皇陛下が44年7月から疎開されていた栃木・日光にも、45年に入ると空襲の警報が響き始めた。

ほどなく「疎開とは言わず、『夏季錬成だ』と言われて奥日光に行くことになった」。陛下と学習院初等科の同学年で最後まで疎開をともにした明石元紹《もとつぐ》は振り返る。

標高約650メートルの日光から約1500メートルの奥日光へ、いくつもの急カーブが連なる「いろは坂」も越えてたどり着いた先が、硫黄のにおいが立ち込める湯元温泉だった。

日光では授業以外は約4500平方メートルの田母沢《たもざわ》御用邸で起居したが、奥日光では同級生らが暮らす南間《なんま》ホテル本館と同じ敷地の別館に入られた。「次の天皇」を守り抜くためとはいえ、施設を選んではいられない状況だった。

2階建ての別館は現在、栃木県益子町内に移築保存されている。手すりに擬宝珠《ぎぼし》がついた急な階段を上がり、2階の7室のうち左手奥が8畳、10畳、5畳の3間からなる奥の間。隣室に側近らが控え、陛下はここを居室兼勉強部屋、1階の部屋を寝室とされた。付近には防空壕《ごう》が新設された。

級友と授業を受けつつ、敷地内の畑を耕し、戦場ケ原や金精峠《こんせいとうげ》などで野草や山菜を採られた。

食糧は慢性的に不足していた。「陛下も、国民と同じようなひもじい思いをされた」と明石は言う。

学習院御用掛としてお世話をした陸軍中佐、高杉善治（故人）は奥日光で「緊張した一瞬」があったと、著書『若竹のごとく　戦争と皇太子さま』（読売新聞社刊）に書き残している。

それは、大本営の陸軍中将が初等科生に戦況を説明し、質問を受けた時のこと。最後に「何かご質問はありませんか」と問われた陛下は尋ねられたという。

「なぜ、日本は特攻隊戦法をとらなければならないの」

若い隊員たちの百パーセントの死を意味する体当たり攻撃は、44年から始まっていた。その是非への疑問は、「ノドまで出かかるが、みなぐっとのみこんで胸の中におさめ」（同書）ざるを得ない空気にあった。

級友には「覚えがない」と話す人もおり真偽は定かではないが、ご下問があったとすれば、当時において強い衝撃だったであろう。

栃木県の奥日光にあった「南間ホテル」別館。建物は戦後、県内の別の場所へ移築された（2014年12月）

護衛で従っていた近衛師団の儀仗隊《ぎじょう》にも、敵接近への緊張感が満ち満ちていた。米軍が上陸すれば、陛下の身柄を奪いにくる恐れがあった。

万一の際に逃げ延びる時間を稼ぐため、ホテルそばの「湯ノ湖」の水を下手の戦場ケ原へと氾濫させる計画が立てられ、南間は「祖父の栄《さかえ》は儀仗隊の指揮の下、爆弾設置の訓練を繰り返した」と明かす。同級生を〝影武者〟とし、陛下を駕籠《かご》などでお連れして、峠を越える手はずだったという。

緊張のなかに身を置いていた陛下はようやく11月7日、東京へ戻られる。原宿駅の皇室専用ホームに降りた瞬間を、82年の誕生日会見で振り返られた。

「まず、びっくりしたのは何もないということですね。建物が全然ない。原宿の駅に。周りに何もなかった。これが一番印象に残っています」

疎開中、昭和天皇からの45年9月9日付の手紙には次のように書かれていたといわれる。

「戦争をつゞければ　三種神器を守ることも出来ず　国民をも殺さなければならなくなつたので　涙をのんで　国民の種をのこすべくつとめたのである」

原宿駅に一緒に降りた明石が「東京中が見渡せそうなほどの焼け野原は、ある意味で玉音放送より強い戦争のご体験なのではないか」と話すように、父の決断の意味を実感された光景だったのだろうか。翌46年正月の書き初めで、同級生とともにこう書き上げられた。

「平和國家建設」

陛下はこの言葉を実践するかのようにその後、国内各地、さらには海外で、戦没者慰霊の旅を重ねられることになる。

記憶せねばならぬ4つの日

1994年6月。米国を訪問中の天皇、皇后両陛下は日本時間の23日正午に合わせ、滞在先のサンフランシスコのホテルで人知れず黙祷《もくとう》された。この日は45年に沖縄戦が終結した日で、沖縄では戦没者の追悼式典が開かれ、同時刻に黙祷がささげられていた。

実は、外務省儀典長として随行していた元侍従長の渡辺允《まこと》が事前に天皇陛下のご指示で23日正午の現地時間を調べたところ、市長主催の晩餐《ばんさん》会が開かれる夕方と重なっていた。それを聞いた陛下が晩餐会の時間を少し遅らせてもらえないかと依頼されたという。

陛下は疎開の原体験をへて、戦後に生存者や遺族らの話を聞き、歴史を学ばれた。さらに、昭和天皇の思いを心に留められる。「それらの積み重ねで、ご自身の中から慰霊への気持ちが芽生えられた」。渡辺はそう推測する。

陛下は、皇太子時代の81年の記者会見で「どうしても記憶しなければならない」4つの日として、6月23日のほか、8月6日と9日の広島、長崎の原爆投下の日、同15日の終戦の日を挙げられた。いずれの日も、鎮魂の祈りをささげられるのを忘れない。

とりわけ、国内で最大の地上戦が行われた沖縄への思いはお強いものがある。

陛下が皇后さまとともに初めて沖縄を訪問されたのは、皇太子・同妃時代の75年7月。名誉総裁として国際海洋博覧会に臨席するのが目的だったが、空港から真っ先に向かわれたのは、南部戦跡にある慰霊碑「ひめゆりの塔」（糸満市）だった。

ひめゆりの塔では、両陛下が供花される直前、過激派から火炎瓶を投げつけられる事件が起きた。にもかかわらず、その後も他の慰霊碑を予定通り慰問された。陛下が事件のあった日に出されたお言葉に、沖縄に心を寄せ続ける覚悟が込められている。「多くの尊い犠牲は、一時の行為や言葉によってあがなえるものでなく、人々が長い年月をかけて、これを記憶し、一人一人、深い内省の中にあって、この地に心を寄せ続けていくことをおいて考えられません」

これを体現するように、両陛下での沖縄ご訪問は10回を数える。ご訪問には毎回別の目的もあるが、必ず初日に南部戦跡を慰問される。「それを必ず守る。そのことに意味がある」。渡辺もこう強調する。

昭和天皇にとって、戦後の沖縄は未踏の地だった。1987年秋の国体開会式に臨席が決まり、86歳となる同4月の誕生日会見で「戦没者の霊を慰め、永年県民が味わってきた苦労をねぎらいたい」との思いを語ったが、同9月に体調が悪化したため中止となった。

結局、名代として皇太子だった天皇陛下が皇后さまとともに訪問し、平和祈念堂（糸満市）で昭和天皇の言葉を代読されている。

沖縄を初訪問し「ひめゆりの塔」前で説明を受けられる皇太子、皇太子妃時代の天皇、皇后両陛下。直後に火炎瓶が投げ付けられた（1975年7月）

「先の大戦で戦場となった沖縄が、島々の姿をも変える甚大な被害を被り、一般住民を含むあまたの尊い犠牲者を出したことに加え、戦後も長らく多大の苦労を余儀なくされてきたことを思う時、深い悲しみと痛みを覚えます」

88年の年頭に発表された御製（お歌）に昭和天皇の無念が込められている。

《思はざる病となりぬ沖縄をたづねて果さむつとめありしを》

陛下の沖縄への強いこだわりは、悲願を果たせなかった父の遺志を引き継ごうとされるお気持ちも込められているのだろうか。

広島、長崎、沖縄、東京・下町の戦跡地を巡る、いわゆる「慰霊の旅」を果たされた95年に詠まれた陛下のお歌がある。

《沖縄のいくさに失せし人の名を　あまねく刻み碑は並み立てり》

陛下をはじめ皇族方のお歌の指導・相談役を長年務めた岡野弘彦は「慰霊碑が建つまでの長い歴史に思いを寄せられた歌。陛下のお歌には、沖縄の人への深い共感がある。文学的表現を超えて意味を持つ」と話す。

思いの共有は歴史や文化にも向けられ、昭和40年代から沖縄学の第一人者だった外《ほか》間守善《ましゅぜん》（故人）の進講を受け続けられた。会見でも度々、国民に向けて沖縄の歴史や文化を理解してほしいと訴えられている。

75年の沖縄初訪問の直後、外間を呼び、お歌を示して「これで琉歌になっていますか」と尋ねられたことがあった。

《花よおしやげゆん人知らぬ魂　戦ないらぬ世よ肝に願て》（花をささげましょう　人知れず亡くなっていった多くの人々の魂に対して　戦争のない世を心から願って）

沖縄伝統の琉歌は和歌と異なる「八・八・八・六」調。素人が簡単に詠めるものではない。外間が驚くと、陛下は、16～17世紀の琉歌集「おもろそうし」から琉球国王の歌を写し取り、学んだことを打ち明けられたという。

陛下は2014年6月、また一つ、沖縄で長年の慰霊の思いをかなえられた。皇后さまとともに対馬丸記念館（那覇市）を訪れ、生存者や遺族と懇談し、慰霊碑

「小桜の塔」に供花された。陛下は「やっぱり（歴史書などを）読んでいては分からないですね」と感想を述べられた。

対馬丸は44年8月22日、沖縄から長崎へ疎開する途中で米潜水艦の魚雷攻撃で撃沈した。学童約780人を含む約1500人が犠牲になった。両陛下と同世代の学童も多く「戦争を身近にお感じになった出来事の一つ」（側近）として心を寄せられてきた。ご訪問は生存者や遺族にとっても悲願だった。生存者の一人で記念館を運営する対馬丸記念会理事長、高良政勝は、両陛下のご訪問を半ばあきらめていたという。

「3年前に車で5分のところまで来られたのに、訪問していただけなかった。両陛下はご高齢であり、もう沖縄ご訪問は最後だと思っていた。今回沈没から70年の節目にお出でになり、胸のつかえが少し取れた」

慰霊の旅を重ねる陛下のお心

戦後50年となった1995年、天皇、皇后両陛下は強い希望をかなえ、広島、長崎、沖縄、東京・下町への「慰霊の旅」を果たされた。しばらくたったころ、陛下は、侍従長だった渡辺允《まこと》に「『南太平洋』に慰霊に行きたい」と相談された。

南太平洋というのがミクロネシア地域、国でいえば、パラオ共和国、ミクロネシア連邦、マーシャル諸島を指されているのは明らかだった。いずれも先の大戦時には日本の委任統治領で、米軍との攻防で甚大な戦禍に見舞われていた。

海外での慰霊は周囲には唐突に映ったかもしれないが、陛下は長年にわたってお考えを温められてきたのだろう。実際、95年の慰霊の旅の後に出された感想の文書では、「遠い異郷」という言葉を使い、海外の犠牲者や遺族への追悼の思いをつづられている。

侍従長を10年半にわたって務めた渡辺も「陛下は、風呂敷を広げて行動することはなさらない。黙ってよく考え、やると言ったら必ずやり、ずっと続けられる。海外での慰霊を以前からお考えになっていなかったはずはない」と話す。

ただ、「慰霊の旅」は国内でも異例のことだった。ましてや両陛下の外国ご訪問となれば、友好親善が目的で、慰霊目的というのは前例がない。

陛下はその後も折に触れて話題にされ、関係省庁などに打診した渡辺が難しそうだと伝えても、何度でも繰り返された。

根負けした渡辺は「少なくとも現地を見てくる必要がある」と考え、宮内庁、外務省、警察庁の視察団が派遣されることになった。

その結果、政府専用機が着陸できる空港がなく、日本のチャーター機が飛んだ実績

サイパン島の「バンザイクリフ」に向かって黙礼される天皇、
皇后両陛下（2005年6月）

もない。両陛下にふさわしい宿泊先もなく、車両も足りなかった。陛下に「物理的にとても難しいと思います」と説明したところ、一度は「分かった」と納得されたという。

ところが、今度は「(米自治領の) サイパンだけなら行けるんじゃないか」と提案されてきた。米側の協力もあり、サイパン訪問が実現すると、「南太平洋の戦争の歴史をきちんと勉強したい」と希望された。

サイパンは、44年6月15日に米軍が上陸し、激戦の末、日本軍、民間人計約5万5千人が犠牲になった。その歴史をお知りにならないはずもないが、いかにも、陛下らしいご姿勢である。防衛庁(当時)の担当者を2度呼び、進講を受けられている。

2005年6月、米自治領サイパン島の「バンザイクリフ」。天皇、皇后両陛下は、高さ80メートルの断崖絶壁に立ち、白波が立つ青い海原に向かって深々と頭を下げられた。

この岬では、米軍に追い込まれた日本軍や民間人が「天皇陛下万歳」と叫びながら自決したとされる。その魂が眠る聖地へ黙礼されるお姿は、見る者の心を強く揺さぶった。

現地で見届けた遺族の一人は「ようやく戦争が終わった。天皇陛下は昭和天皇の戦争に対する思いを引き継いでこられ、大きな宿題を果たされたと思う」と感慨深そうに話している。

侍従長として随行した渡辺によれば、ご訪問前から陛下は慰霊への強い思いを示されていたという。東京・羽田空港の送迎式典で述べられたお言葉が、異例の長さだったことでも推し量ることができる。しかも、通常であれば側近らが下書きするところを、「ほとんど自分で書かれた」という。

事前の進講で学ばれたであろう日米双方の犠牲者の数などを具体的に盛り込み、「この度、海外の地において、改めて、先の大戦によって命を失ったすべての人々を追悼し、遺族の歩んできた苦難の道をしのび、世界の平和を祈りたい」と語りかけられた。

サイパンご訪問2日目の早朝、両陛下は日本軍が上陸してきた米軍と激闘を交わしたという砂浜で、生存者の男性2人から戦闘の状況などをお聞きになった。1人が「死んだふりをしていた」と説明し、砂の上に腹ばいになって再現するなど懸命に訴えた。

離れた所にいた渡辺は、日の出に映える海の景色に目を奪われたが、両陛下は一度も目を上げずに2人の話に耳を傾けられた。渡辺は「話を一生懸命聞かれるのはいつものことだが、この時のご姿勢は特に印象深い」と振り返る。

両陛下は中部太平洋戦没者の碑、スーサイドクリフでも黙祷《もくとう》し、予定になかった沖縄出身者と朝鮮半島出身者の慰霊碑にもそれぞれ足を運ばれた。アメリカ慰霊公園では、島民のための慰霊碑だけでなく、敵国だった米軍の犠牲者をまつる慰霊碑にも拝礼された。

「陛下の鎮魂の祈りには、敵も味方も関係ない」。陛下をはじめ皇族方のお歌の指導・助言役を務めた岡野弘彦はこう話す。

陛下はこの年、バンザイクリフからの情景をお歌に詠まれた。

《あまたなる命の失せし崖の下　海深くして青く澄みたり》

慰霊の旅を重ねる陛下のお心には、「有言実行」「現場主義」というお考えがある。先の大戦時の疎開や帰京時の実体験に加え、1953年の英エリザベス女王の戴冠《たいかん》式参列を機に重ねられてきた国際親善が礎になり、お考えを醸成してきたと指摘する声もある。

戴冠式は、日本が国際社会に復帰した直後で、陛下も成年を迎えられたばかりの多感な時期だった。戦時捕虜の問題を抱えた英国やオランダでは、日本に対して複雑な国民感情が渦巻いていたとされ、皇太子という立場でも強い風当たりを受ける一方、温かく迎えられることもあった。

「明仁皇太子エリザベス女王戴冠式列席記」の著書がある現代史家の波多野勝は「ジレンマや葛藤を抱えながらも日本が置かれた立場を知り、昭和天皇の負の遺産を国際親善という前向きな形で引き継がれた。それが後の慰霊の旅につながったのではないか」と分析する。

陛下は05年の誕生日会見で、サイパンご訪問を「心の重い旅」と振り返られた。周囲はこれが海外の慰霊の最後だと考えていたが、2015年春、「天皇の島」パラオ共和国の地を踏まれた。最初に南太平洋ご訪問を希望されてから、すでに約20年という時が流れた。英霊への思いが尽きることはない。

70年目の8月15日

終戦の日から70年となった2015年8月15日、東京・九段北の靖国神社では、午前6時の開門から参拝客の列が途切れることなく続き、この日だけで老若男女約19万人が今日の繁栄と平和の礎となった先人への感謝を捧げた。

「お父さん、また来ることができました。お父さんたちのおかげで今の平和がある。

今後も見守ってください。私は孫にも恵まれて今幸せです。お母さんを守ってくださいね……」

15日正午前、兵庫県伊丹市に住む柴田静子は、1時間ほど並んでようやく社頭にたどり着き、戦死した父に手を合わせた。顔も名前も知らない父に「会う」には、ここに来るしかない。柴田は「父の魂もここにいるはずだ」と信じている。

柴田は19歳の時に自分が養女だと知った。1944年7月、養父母は人づてに生後1週間の柴田をもらい受け「静子」と名付けた。実母が託した妊産婦手帳は行方が分からなくなってしまったが、養父母の記憶によると「大阪府布施市（現東大阪市）」「陸軍軍医大尉戦死」「佐々木愛子」と記されていたという。実母の行方は未だ知れないが、なお健在だと信じている。

実父の戦死を知り、柴田は靖国参拝を願ったが、子育てや夫の両親の介護など生活に追われ、長年かなわなかった。やっと自分の時間がとれるようになり、昨年初めて参拝の願いがかない、「ようやく自分が求めていた場所を見つけた」と感じた。2度目の参拝を終えた柴田はこう語った。

「どこかで手を合わす場所がほしかった。私には靖国しか、父に会いに行く場所はないんです」

戦後70年を迎えた靖国神社の参拝者の間で話題になったのは、前日の8月14日夕に首相の安倍晋三が発表した「戦後70年首相談話」だった。この談話をめぐって半年以上にわたり保革両勢力が激しい論戦を繰り広げてきた。

安倍が終戦の日に合わせて戦後70年首相談話を発表する考えを表明したのは２０１５年1月5日の伊勢神宮参拝後の記者会見だった。

「先の大戦への反省、そして戦後の平和国家としての歩み、今後アジア太平洋地域や世界にどのような貢献を果たしていくのか。英知を結集して考え、新たな談話に書き込みたい」

発言を受けて中国の動きは素早かった。国営の中国中央テレビは同日中に「侵略の歴史を痛切に反省し、心からおわびすることができるのか」と報じた。直後から中国外交筋は政府・与党関係者と水面下で頻繁に接触し、70年首相談話の内容を探るようになったという。

安倍が、談話策定に向けて2月に有識者会議「21世紀構想懇談会」を設置すると、中国外交筋は工作をさらに強化させ、１９９５年8月に村山富市首相（当時）が閣議決定した「村山談話」の踏襲を露骨に要求するようになった。

同じ頃から野党は相次いで首相談話の内容に注文をつけ始めた。民主党代表の岡田克也は2月16日の衆院本会議で「植民地支配や侵略などの言葉は、70年談話にも必ず含まれるべきだ」と要求した。社民党党首の吉田忠智や共産党委員長の志位和夫らも異口同音に村山談話の踏襲を求めた。

奇妙なことに新聞各紙も首相談話についてそろい踏みで似たような社説を掲載した。

朝日新聞は2月26日付の社説で「全体として引き継ぐと掲げながら、植民地支配や侵略といったキーワードを村山談話もろとも棚上げにしてしまうのが新談話の目的ならば、出すべきではない」と説いた。東京新聞も同じ日に「植民地支配と侵略への反省とお詫びは、外交の基盤となってきた歴史認識の根幹だ。全体として引き継ぐと言いながら、核心部分を変えることがあってはならない」との社説を掲載した。毎日新聞も2月25日付でほぼ同じ内容の社説を掲載した。

決定打といえるのが中国国営新華社通信が6月24日に配信した社説である。その内容は恫喝に近い。

「中国と韓国にとって『植民地支配』『侵略』『おわび』は安倍談話において回避することが許されない3つのキーワードだ。これらが残るかどうかは、日本と中韓との関係、アジアの平和と安定に関わる」

なぜ中国側の要求と、野党や一部メディアの主張が奇妙なほど一致するのか。同じようなことは60年の日米安保条約改定の際もあった。ソ連は安保改定による日米同盟強化を避けるべく対日工作を活発化させ、「日本は中立化すべきだ」「安保改定すれば米国の戦争に巻き込まれる」と説いて回った。すると元々安保改定を声高に求めていた社会党は「安保破棄」に転じ、朝日新聞なども共に「米国の戦争に巻き込まれる」とソ連の振り付け通りに安保改定を批判した。今回も、民主党や朝日新聞などが、中国側の意向を受けて談話に注文を付けたのだとしたら、55年前の愚をまたも繰り返したことになる。

安保法制の国会審議と相まって政府・与党に動揺が広がる中、安倍は、有識者会議の報告書を元に談話を自らの手で書き上げた。8月14日夕、首相官邸の記者会見室で演壇に立った安倍は神妙な表情でこう語り始めた。

「終戦70年を迎えるにあたり、先の大戦への道のり、戦後の歩み、20世紀という時代を、私たちは、心静かに振り返り、その歴史の教訓の中から、未来への知恵を学ばなければならないと考えます」

安倍は、19世紀に西洋列強が植民地支配を広げる中、日本は独立を守りながらも孤立感を深め、戦争への道を進んで行った経緯を語り、「植民地支配」「侵略」「おわび」という3つのキーワードを巧みに取り入れた上で、村山富市内閣をも含む歴代内閣の立場を継承する考えを示し、中国や韓国への配慮をにじませた。

だが、安倍が本当に言いたかったことは、この後にあった。

「戦後生まれの世代が今や人口の8割を超えています。あの戦争には何ら関わりのない、私たちの子や孫、そしてその先の世代の子どもたちに、謝罪を続ける宿命を背負わせてはなりません」

3つのキーワードを盛り込んだことや歴代内閣の立場の継承を明言したことにより、当初は保守派の反発も予想されたが、この一言により、談話は多くの人々の共感を呼んだ。

南方戦線でいとこを亡くした東京都八王子市に住む宮田加寿子は「談話には戦死した人たちへの感謝の気持ちが表れていました。これを機に、首相も堂々と参拝できる国になってほしい」と語った。

靖国神社境内で開かれた戦没者追悼中央国民大会では、「英霊にこたえる会」会長の寺島泰三が「私たちは『(子孫に)謝罪を続ける宿命を背負わせてはならない』と語った首相と思いを一つにする」と宣言した。出席した自民党政調会長の稲田朋美はこう語った。

「いかなる歴史観に立とうとも、祖国のために命をささげた方々に感謝と敬意と追悼の意を表することは当然です。戦争の解決は国際法に基づく平和条約が全てで未来永劫謝り続けるのは違うと思います」

なぜ靖国参拝が問題化されるようになったか

靖国神社には、祖国を守るために命をささげた人々の御霊が将官から一兵卒まで身分の別なく祀られている。1869（明治2）年、戊辰戦争の官軍の戦没者を弔うため明治天皇の意向で建てられた東京招魂社が始まりで、79年に明治天皇の命名により靖国神社に改称された。明治維新から日清・日露戦争を経て先の大戦まで戦没者らの祭神は246万6千余柱。このうち213万余柱が先の大戦の戦没者である。

戦前の靖国神社は、陸軍省、海軍省、内務省の共同管理下にあったが、戦後の1945年12月15日に連合国軍総司令部（GHQ）は「神道指令」を発し、国家神道の廃止と政教分離の徹底を命じた。これを受け、同年12月28日に宗教法人令が公布され、翌46年2月2日に「宗教法人靖国神社」となった。

連合国軍最高司令官（SCAP）のダグラス・マッカーサーは当初靖国神社を焼き払い、ドッグレース場にしようと考えていたが、上智学院長で神父のブルーノ・ビッテルに「戦争犠牲者を祀る場所でそのような処置をすれば米国の永久の恥辱となるだろう」といさめられ、思いとどまったとされる。

首相の吉田茂は、サンフランシスコ講和条約から帰国直後の51年10月に靖国神社を首相として戦後初めて参拝した。その後の歴代首相も参拝を続けた。首相の靖国参拝について、中国政府が批判を始めたのは、85年8月15日の中曽根康弘の公式参拝からだ。A級戦犯の合祀が原因だと思われているが、実は違う。

靖国神社が東京裁判で絞首刑となった元首相・東條英機ら7人と服役中などに死亡した7人の計14人を「昭和殉難者」として合祀したのは78年10月だった。当初、合祀は公表されず、翌79年に共同通信がスクープとして報じたが、その後も大平正芳が3回、鈴木善幸が9回、中曽根が9回と首相が計21回も参拝したのに中国は特に問題視しなかった。

では、なぜ85年8月15日の中曽根の公式参拝に前後して中国が首相の靖国参拝を批判するようになったのか。「首相の公式参拝は政教分離に反する」と批判を続けてきた朝日新聞が同年8月7日付朝刊で「アジア諸国の目」と題し、「『愛国心』が、日本ではかつては軍国主義の底支えする役割を担わされたことを、中国は自らの体験として知っている。それだけに靖国問題が今、『愛国心』のかなめとして再び登場したことを、中国は厳しい視線で凝視している」と報じたことがきっかけだったとされる。

靖国神社を公式参拝し、記者に取り囲まれる首相の中曽根康弘。朝日新聞のマッチポンプ報道により国際問題化した（1985年8月15日）

朝日新聞は公式参拝当日の15日付で「アジア人民傷つける　中国が批判」とする中国外務省のスポークスマン発言を報じた。記事によると「中国側はいかに論評するか」という質問に答える形での発言だった。

さらに27日には中国副首相の姚依林《ようい りん》が、社会党訪中団との会談直前に開いた記者会見で、わざわざ公式参拝問題について質問をぶつけ、「日本の首相がA級戦犯も祀った靖国神社を公式参拝したことは中国人民を含むアジア諸国人民の感情を傷つけるものだ」と批判させて記事化した。

「自分でマッチで火を付け、ポンプで消す」ような自作自演報道を「マッチポンプ」と呼ぶが、朝日新聞は自分で火を付けながら消さずに燃え広がらせた。

これ以降、中国は首相の靖国参拝を「侵略戦争を正当化する」などと激しく非難するようになった。歴史問題が対日外交の強力なツールになると気づいたのだろう。日本と戦ったわけでもない韓国までもこれに同調するようになった。これに屈するように首相の足は靖国神社から遠のいた。85年以降に靖国神社を参拝したのは橋本龍太郎（1回）、小泉純一郎（6回）、安倍（1回）の3人だけだ。

昭和天皇は45年11月以降に計8回靖国神社を参拝（ご親拝）したが、75年11月を最後に途絶えた。天皇陛下も皇太子時代に4回参拝されたが、即位後はされていない。

この理由についても、「靖国神社がA級戦犯を合祀したからだ」とまことしやかに説明する人がいる。昭和天皇が合祀について「だから私はあれ以来参拝していない。それが私の心だ」と不快感を示したとされる元宮内庁長官、富田朝彦のメモが2006年に見つかったことにより、ますます「A級戦犯合祀原因説」が大手を振ってまかり通るようになった。

だが、昭和天皇が参拝を控えるようになったのは76年以降であり、合祀は78年10月。明らかに時期がずれている。

では75年に何が起きたのか。この年の8月15日、首相の三木武夫は、首相としては初めて春秋の例大祭ではなく終戦の日に靖国神社を「私人」として参拝した。この際、「私的参拝」4条件として「公用車不使用」「玉串料を私費で支出」「肩書きをつけない」「公職者を随行させない」を掲げたがために、またもや朝日新聞や社会党が飛びつき、靖国神社参拝を政教分離と結びつけて政治問題化させてしまったのだ。

昭和天皇は三木に続いて参拝する意向だったが、当時宮内庁次長だった富田は参院内閣委員会に呼ばれて野党から「憲法に抵触する」「一般論としておかしい」「なぜ参拝するのか」と厳しい追及を受けた。このような経緯を追うと、三木の「私的参拝」が火を付けた政教分離の問題が、昭和天皇の靖国神社参拝を阻んだとみるべきだろう。

昭和天皇は、参拝を控えるようになっても毎年春と秋の例大祭に靖国神社に勅使を派遣し、祭文を神前にささげる勅祭を続けた。天皇陛下も同じように勅使を派遣され、御幣物（＝神への捧げ物）を奉られている。これもA級戦犯の合祀が原因で参拝を見送っているわけではない証拠だといえよう。

そもそも14人の昭和殉難者の合祀が不服だから246万6千余柱の戦没者を追悼しないという論法は、「大御心」を理解できないリベラル勢力の屁理屈にすぎない。97～2004年に靖国神社宮司を務めた湯沢貞はこう明かした。

「宮司時代に皇居の勤労奉仕に参加した靖国神社の神職たちが、天皇陛下から『御霊についてよろしく頼む』とお言葉をたまわったのです。ああ、陛下はなお靖国を気にかけてくださっている。そう思い、一同で感激しました」

かつては社会党でさえわかっていた

戦犯のA、B、Cの区別は、連合国側が戦犯を選定する際に用いた便宜的な犯罪カテゴリーにすぎず、明確な法的根拠はない。「A級戦犯」という呼称自体も通称にすぎない。そもそも東京裁判（極東軍事裁判）自体が国際法を無視した戦勝国による政治ショーであり、被告人の選定から罪状、審理までずさん極まりない内容だった。

インド代表の判事、ラダ・ビノド・パールは「歴史の偽造」だと言い切った。オランダ代表の判事、ベルト・レーリングは後に国際法の観点から東京裁判を総括的に批判し、親交のあったGHQ参謀第2部（G2）部長、チャールズ・ウィロビーが「この裁判は有史以来最悪の偽善だった」と明かしたことを自著に記している。

それだけにA級だのB級だの論じること自体が本来無意味なのだが、A級戦犯分祀論はなおくすぶり続けている。それどころか、日本遺族会などの天皇陛下や首相の靖国参拝を支持する勢力を分断するという災いをもたらした。

A級戦犯分祀について靖国神社は「靖国に祭られる246万6千余柱の神霊の中から特定の神霊を分霊したとしても、元の神霊は存在し続ける。分祀などは不可能であり得ない。どのような議論がされようとも神社の回答に変わりはない」としている。つまり一度混ぜ合わせたコップの水からA級戦犯という水滴だけを分離して取り除くのは不可能だというわけだ。松明の炎に例えることもできる。

それでも日本遺族会会長を務めた元自民党幹事長の古賀誠をはじめ遺族会の一部にも「天皇陛下に参拝していただくためにもA級戦犯を分祀すべきだ」との声がある。2014年10月、古賀の地元である福岡県遺族連合会は「全ての国民にわだかまりなく参拝していただくため、昭和殉難者14柱を分祀すること」を求める決議を採択した。

1937年に出征し、パプアニューギニア・ブーゲンビル島で終戦を迎えた元陸軍獣医中尉の城光宣《じょうこうせん》は靖国にも何度も足を運び、亡き戦友の御霊に手を合わせてきた。今も脳裏には、無数の砲弾が飛び交う中で命を省みず敵に向かって進んでいった戦友の姿が浮かぶ。

「自分の死後、靖国に祭られ、国が家族の生活を保証してくれると安心して国や国民のためと、みな死んでいったんです。戦友たちは『靖国で会おう』と言って死んでいった。あそこに魂があっとです。『天皇陛下万歳』と言って死んだ兵隊もおるとですよ。本当は首相じゃない。誰よりも天皇陛下に参っていただきたい」

ただ、分祀して天皇陛下のご参拝できる環境が整うだろうか。歴史問題の外交ツールとして「うまみ」を知った中国や韓国は、B級、C級と次々に分祀の要求を強めてくるのは目に見えている。朝日新聞が政教分離の問題を蒸し返してくる可能性もある。靖国神社に手を合わせる心を持っている人々は、分祀論は「罠」だということを心に刻むべきではないか。

かつては社会党でさえそれがわかっていた。

1952年12月9日、衆議院は「戦争犯罪による受刑者の釈放等に関する決議」を可決した。自由党、改進党など保守系勢力だけでなく左右両社会党も共同提案し、決議に賛成した。社会党衆院議員の古屋貞雄はこう訴えた。

「果たして敗戦国の人々に対してのみ戦争の犯罪責任を追及するということ——言い換えますならば戦勝国においても戦争に対する犯罪責任はあるはずです。（略）われわれ同胞といたしましては戦犯者に同情を禁ずることはあたわざるものがある。われわれ全国民はこれらの人々の即時釈放を要求してやまないのでございます」

社会党は、戦犯遺族に遺族年金などを給付できるようにするための戦傷病者戦没者遺族援護法改正にも熱心に取り組んだ。社会党衆院議員の堤ツルヨは衆院厚生委員会で「（戦犯として）殺されたがために国家の補償を家族が受けられない。しかもその英霊は靖国神社の中にさえ入れてもらえないことを遺族は非常に嘆いておられます。遺族援護法の中に戦犯処刑、獄死された方々の遺族が扱われるのは当然であると思います」と訴えた。

53年8月には衆議院が「戦争犯罪による受刑者の赦免に関する決議」を可決した。国権の最高機関はとうの昔に「戦争犯罪」を否定していたのである。

日本人の心とは何か

分祀論はA級戦犯の遺族らに今もなお責め苦を負わせている。

「A級戦犯の合祀を取り下げる方法はないものか。宮司の判断で合祀したのなら、宮司の裁量で取り下げられないものか」

A級戦犯として東京裁判で絞首刑となった元陸軍大将・木村兵太郎の長男、太郎は、2014年に靖国神社の前宮司・京極高晴、現宮司・徳川康久にこう相談した。太郎はこう打ち明ける。

「父は戦犯として処刑されることに死ぬ意義を見定め、受け入れていたのだと思う。その父が靖国に祭られるとは予想もしなかった。ありがたいことだが、陛下のご参拝の障害になっているのならば心苦しい……」

A級戦犯遺族による合祀取り下げの動きは過去にもあった。1985年8月の中曽根の公式参拝以降、首相の参拝が長く途絶えた時期に、戦犯遺族会の会長だった太郎の母、可縫《かぬい》と元陸軍大将・板垣征四郎の次男、正が、首相参拝を復活させるべく合祀取り下げを申し入れようとしたが、実現には至らなかった。太郎は最後の面会で父から授かった人生訓を今も心に刻み込んでいる。

「人の情けにすがるな」

A級戦犯の中で文官として唯一処刑された広田弘毅の孫、弘太郎はこう語る。

「靖国神社で祀られる方は、戦死した軍人や兵隊です。祖父は軍人でもなければ、戦死したわけでもない。靖国神社に祀られる資格はありません。菩提寺で十分だと考えています」

ただ、自らは日本国民として慰霊の気持ちで靖国神社への参拝を続けている。戦没者は「国のために尽くした方々に慰霊の誠をささげる場所は靖国神社しかない。戦没者は靖国に祀られることを願って死んだんです。この事実は消せない。ですから首相は靖国神社を公式参拝すべきだし、陛下は行かれずとも御霊を追悼しておられると思っています」

元首相、東條英機のひ孫、英利はどうか。

「曽祖父は『国際法上日本は無罪だが敗戦の全ての責任は自分にある』と語って刑につきました。曽祖父に責任があるのは間違いない。曽祖父に対してわだかまりのある方がいるのもよく分かります。ただ、安易な感情論で分祀すれば、靖国神社が持つ意味自体がなくなってしまうのではないでしょうか。政治的な配慮に基づく分祀であれば反対します」

先の大戦の外地での戦没者は約240万人。うち半数近い約113万柱の遺骨は、戦後70年を経てもなお帰還できずに現地に取り残されている。全ての遺骨の収容は現実的に不可能だが、戦没者の慰霊を続けていくことは、いま平和と繁栄を享受してい

終戦の日に靖国神社を参拝する人々。かつては、社会党でさえ、戦犯を含む戦没者遺族の問題に熱心に取り組んでいた

るわれわれ日本人が果たすべき責務だろう。

日本から遠く離れたソロモン諸島・ガダルカナル島では、苛烈な戦闘だけでなく壮絶な飢餓や病で2万人超が命を落とした。このうち、約7千柱の遺骨が密林に放置されたままとなっている。

ところが、これまで日本政府は遺骨収集について消極的だった。国民の多くも遺骨の存在を知らず、背を向けてきた。これに比べて米国は「戦死者との約束」として、今なお国の専門機関が遺骨を収容し、慰霊の誠を捧げている。そこに戦勝国と敗戦国の違いはないはずだ。遺骨が戻らないならば、せめて慰霊を続ける。それが国のために尊い命をひきかえにした戦没者との約束ではないか。

そして忘れてはならないのは戦没者の思いだ。兵士の多くは「靖国の社頭で会おう」と誓い合い戦地に向かった。靖国神社は戦没者や遺族らのみならず日本人にとって特別な場所なのだ。靖国神社はかつて国家が護持した。靖国神社に祀られることとは国に殉ずることであり、国民として最大の栄誉でもあった。かつてそういう時代があり、戦没者とその遺族のよりどころだったことを忘れてはならない。

靖国の年間参拝者数は02年ごろまでは約600万人で推移していたが、遺族らも高齢となり、現在は約500万人。今後、戦前・戦中を生きた人たちはさらに少なくなる。

靖国神社が政治的、外交的事情と切り離せない宿命を背負うのも確かだ。それでも時代の変遷にかかわらず、戦没者慰霊の精神は国民一人一人が考えるべきものではないか。今こそ「日本人のこころ」が問われている。

参考文献＊福永文夫「日本占領史１９４５―１９５２」（中公新書）＊日暮吉延「東京裁判」（講談社現代新書）＊児島襄「東京裁判」（中央新書）＊小堀桂一郎「東京裁判 幻の弁護側資料」（ちくま学芸文庫）＊小堀桂一郎「昭和天皇とその時代」（ＰＨＰ研究所）＊冨士信夫「私の見た東京裁判」（講談社学術文庫）＊清瀬一郎「秘録東京裁判」（中公文庫）＊太平洋戦争研究会「東京裁判の２０３人」（ビジネス社）＊太平洋戦争研究会「図説マッカーサー」（河出書房新社）＊「日本人なら知っておくべき東京裁判」（綜合図書）＊田中正明「パール判事の日本無罪論」（小学館文庫）＊城山三郎「落日燃ゆ」（新潮文庫）＊服部龍二「広田弘毅」（中公新書）＊増田弘「マッカーサー」（中公新書）＊ダグラス・マッカーサー「マッカーサー大戦回顧録」（中公文庫）＊袖井林二郎編「吉田茂＝マッカーサー往復書簡集」（講談社学術文庫）＊リチャード・ニクソン「指導者とは」（文春学藝ライブラリー）＊岡崎久彦「吉田茂とその時代」（ＰＨＰ文庫）＊山村明義「ＧＨＱの日本洗脳」（光文社）＊江藤淳「閉された言語空間」（文春文庫）＊連合国最高司令部民間情報教育局編「真相箱」（コズモ出版社刊）＊櫻井よしこ「『真相箱』の呪縛を解く」（小学館文庫）＊高橋史朗「歴史の喪失」（総合法令）＊高橋史朗「日本が二度と立ち上がれないようアメリカが占領期に行ったこと」（到知出版社）＊田中英道「戦後日本を狂わせた左翼思想の正体」（展転社）＊関野通夫「日本人を狂わせた洗脳工作」（自由社）＊明田川融「占領期年表」（創元社）サンデー毎日、エコノミスト、毎日グラフ共同編集「安保にゆれた日本の記録」（毎日新聞社）＊伊藤隆、渡邊行男編「続重光葵手記」（中央公論社）＊イワン・コワレンコ、加藤昭監修「対日工作の回想」（文藝春秋）＊岸信介、矢次一夫、伊藤隆「岸信介の回想」（文藝春秋）＊岸信介「岸信介回顧録」（廣済堂出版）＊河野一郎「今だから話そう」（春陽堂書店）＊坂本一哉「日米同盟の絆」（有斐閣）＊田中明彦「安全保障―戦後50年の模索」（読売新聞社）＊東郷文彦「日米外交三十年―安保―沖縄とその後」（中公文庫）＊ドワイト・アイゼンハワー「アイゼンハワー回顧録」（みすず書房）＊中曽根康弘「中曽根康弘が語る戦後日本外交」（新潮社）＊中曽根康弘、伊藤隆、佐藤誠三郎「天地有情―五十年の戦後政治を語る」（文藝春秋）＊原彬久編「岸信介証言録」（毎日新聞社）＊原彬久「岸信介―権勢の政治家」（岩波新書）＊岩見隆夫「昭和の妖怪 岸信介」（中公文庫）＊福田赳夫「回顧九十年」（岩波書店）＊藤山愛一郎「政治 わが道―藤山愛一郎回想録」（朝日新聞社）＊福田和也「悪と徳と 岸信介と未完の日本」（産経新聞社）＊御厨貴、中村隆英編「聞き書 宮沢喜一回顧録」（岩波書店）＊熊谷独「モスクワよ、さらば」（文藝春秋）＊西部邁「60年安保」（文藝春秋）＊若泉敬「他策ナカリシヲ信ゼムト欲スー核密約の真実」（文藝春秋）＊春名幹男「秘密のファイル　ＣＩＡの対日工作」（新潮文庫）＊安川壮「忘れ得ぬ思い出とこれからの日米関係」（世界の動き社）＊宮本雅史「報道されない沖縄　沈黙する『国防の島』」（角川学芸出版）＊平塚柾緒編「米軍が記録した日本空襲」（草思社）＊太平洋戦争研究会「図説　アメリカ軍の日本焦土作戦」（河出書房新書）＊アルチュール・コント「ヤルタ会談　世界の分割」（二宮社）＊スティーヴン・ロマゾウ、エリック・フェットマン「ルーズベルトの死の秘密」（草思社）＊Ｅ・バートレット・カー「東京大空襲　Ｂ29から見た三月十日の真実」（光人社ＮＦ文庫）＊早乙女勝元「図説　東京大空襲」（河出書房新社）＊東京大空襲・戦災資料センター編「決定版　東京大空襲写真集」（勉誠出版）＊鳥居民「原爆を投下させるまで日本を降伏させるな」（草思社文庫）＊太平洋戦争研究会「太平洋戦争のすべて」（三笠書房）＊林茂「日本の歴史　太平洋戦争」（中公文庫）＊半藤一利「日本のいちばん長い日」（文春文庫）＊大野芳「8月17日、ソ連軍上陸す」（新潮文庫）＊長谷川毅「暗闘　スターリン、トルーマンと日本降伏」（中公文庫）＊長勢了治「シベリア抑留」（新潮社）＊ジェリー・イエリン「戦争と結婚」（飛鳥新社）＊船坂弘「玉砕―暗号電文で綴るパラオの死闘」（読売新聞社）＊船坂弘「サクラサクラ―ペリリュー島洞窟戦」（毎日新聞社）＊児島襄「天皇の島」（講談社）＊牧野弘道「戦跡に眠る日本人の魂」（ＰＨＰ研究所）＊Ted Gup. "The Ultimate Congressional Hideaway." The Washington Post. May 31, 1992: Page W11 ＊Bob Conte. "Hidden in plain sight." Goldenseal. Winter 2010 ＊U.S. Department of State. Foreign Relations of the United States: 1955-1957. Vol.XXII (Washington, D.C.: GPO, 1991) ＊U.S. Department of State. Foreign Relations of the United States: 1958-1960. Vol.XVIII (Washington, D.C.: GPO, 1994) ＊ Security Resources Panel of the Science Advisory Committee, Executive Office of the President. (1957). Deterrence & Survival in the Nuclear Age ("Gaither Report") . ＊ Thomas R. Hutson and Dominic B.I.A. Tzimisces (2012). Doug and Wahwee. Omaha, Nebraska. River Junction Press LLC. ＊The Association for Diplomatic Studies and Training, Foreign Affairs Oral History Project AMBASSADOR DOUGLAS MACARTHUR, II Interviewed by: Charles Stuart Kennedy Initial interview date: December 15, 1986 Copyright 1998 ADST ＊「正論」（産経新聞社）２００３年11月～04年3月号、04年5月～06年11月号　「マッカーサー米議会証言録」＊「正論」（産経新聞社）２００６年12月号　「老兵は死なず。ただ、消えゆくのみ」＊産経新聞＊朝日新聞＊毎日新聞＊読売新聞

写真／産経新聞社

本書は、２０１５年１月１日～12月24日、産経新聞で不定期に連載された「戦後70年」を大幅に加筆、修正したものです。

単行本　平成二十八年四月　産経新聞出版刊

連載は石橋文登、峯匡孝、花房壮、池田祥子、杉本康士、宮本雅史、加納宏幸、玉崎栄次、滝口亜希、田中一世、中村将、奈須稔、遠藤良介、森本充、豊吉広英、伊藤真呂武、今村義丈、今仲信博、徳永潔、南昇平、大森貴弘、小川真由美、石井那納子、高橋裕子、大山文兄、松本健吾、三尾郁恵、川口良介が担当しました。

産経NF文庫

国会議員に読ませたい 敗戦秘話

二〇一八年九月十九日 第一刷発行

著者 産経新聞取材班

発行者 皆川豪志

発行・発売 株式会社 潮書房光人新社

〒100-8077 東京都千代田区大手町一-七-二

電話/〇三-六二八一-九八九一(代)

印刷・製本 凸版印刷株式会社

定価はカバーに表示してあります

乱丁・落丁のものはお取りかえ致します。本文は中性紙を使用

ISBN978-4-7698-7003-6 C0195

http://www.kojinsha.co.jp

産経NF文庫の既刊本

日本が戦ってくれて感謝しています

アジアが賞賛する日本とあの戦争

井上和彦

インド、マレーシア、フィリピン、パラオ、台湾……日本軍は、私たちの祖先は激戦の中で何を残したか。金田一春彦氏が生前に感激して絶賛した「歴史認識」を辿る旅——涙が止まらない！ 感涙の声が続々と寄せられた15万部突破のベストセラーがついに文庫化。

定価〈本体860円＋税〉 ISBN978-4-7698-7001-2

日本が戦ってくれて感謝しています2

あの戦争で日本人が尊敬された理由

井上和彦

第1次大戦、戦勝100年「マルタ」における日英同盟を序章に、読者から要望が押し寄せたインドネシア——あの戦争の大義そのものを3章にわたって収録。日本人は、なぜ熱狂的に迎えられたか。歴史認識を辿る旅の完結編。15万部突破ベストセラー文庫化第2弾。

定価〈本体820円＋税〉 ISBN978-4-7698-7002-9